SEJA MONGE

satyanātha

SEJA MONGE

a arte da meditação

FONTANAR
O SELO DE BEM-ESTAR DA COMPANHIA DAS LETRAS

O selo Fontanar foi licenciado pela Editora Schwarcz S.A.

Grafia atualizada segundo o Acordo Ortográfico da Língua Portuguesa de 1990, que entrou em vigor no Brasil em 2009.

CAPA E PROJETO GRÁFICO Alceu Chiesorin Nunes
REVISÃO Valquíria Della Pozza e Adriana Bairrada
ILUSTRAÇÕES DE MIOLO Rafaela Villela

Dados Internacionais de Catalogação na Publicação (CIP)
(Câmara Brasileira do Livro, SP, Brasil)

Satyanātha
Seja Monge : a arte da meditação / Satyanātha. — 1ª ed. — São Paulo : Fontanar, 2019.

ISBN 978-85-8439-151-6

1. Meditação 2. Meditação (Hinduísmo) I. Título.

19-29282 CDD-294.543

Índice para catálogo sistemático:
1. Meditação : Hinduísmo 294.543

Cibele Maria Dias – Bibliotecária – CRB-8/9427

1ª reimpressão

[2020]

EDITORA SCHWARCZ S.A.
Rua Bandeira Paulista, 702, cj. 32
04532-002 – São Paulo – SP
Telefone: (11) 3707-3500
www.facebook.com/Fontanar.br

dedicado a todos
que buscam amar mais,
e ser mais luz

você é, na verdade,
a Verdade que buscava

Rig Veda

o próximo buda
será um coletivo

Thich Nhat Hanh

Dia após dia
Sozinho na montanha
O homem de um tolo sorriso
Senta-se perfeitamente imóvel
Ninguém o quer conhecer
Sabem que não passa de um tolo
Mas o tolo na montanha
Vê o sol que se põe
E os olhos dentro dele
Veem o mundo inteiro girar

John Lennon e Paul McCartney,
"Fool on the Hill"

I.
SER MONGE

A humanidade sempre buscou transcender, ir além – superar.

As pinturas das cavernas de nossos antepassados, a música que nascia, a invenção da roda, a linguagem e a fala. Todas eram tentativas de inventar, criar e ser mais.

O mundo antigo era concreto e óbvio, para ser vencido. Mas nós não somos só isso.

Duas vertentes nos chamam. Uma é conquistar a vida mundana, ter comida e vestimenta, abrigo da chuva e cura para a doença, proteção e ordem. A outra... é transcender a si mesmo, alimentar a alma, criar o sorriso, ter uma saúde que vem de dentro, amar e ser amado.

Toda a humanidade, em toda a história, viveu o conflito entre essas duas. Qual a maneira de harmonizá-las?

Quem dera a gente nascesse com manual de instruções.

Há milhares de anos, antes de as religiões existirem, existiu o primeiro monge. Não sabemos se era homem ou mulher; era gente. Talvez tenha sido algum artista, que foi tocar a primeira flauta sob uma árvore acolhedora e, depois da música, amou o silêncio. Talvez tenha sido alguém que cansou de receber ordens brutas e fechou os olhos para encontrar a gentileza em si. Quem sabe, talvez tenha sido um adolescente apaixonado, que ao sofrer amando algumas pessoas se encontrou ao amar a vida.

Essa tal pessoa pode não ter sido monge a vida inteira, mas, naquele momento, ela foi monge, sim.

Porque monge é um estado de consciência, não um voto ou uma promessa. É uma palavra que vem do grego *monos*, que significa um, a única pessoa que pode trilhar o seu caminho: você. Ela fala da presença de si mesmo, do recolhimento, do encontro consigo. Na verdade mais profunda, *monos* é também a descoberta de que a mesma única energia sustenta e permeia todas as coisas, em expressões infinitas.

Certamente você já sentiu isto algumas vezes: um momento de profundo significado. Todo o resto some, a mente silencia-se, e sobra apenas a sensação de conexão com algo muito maior. Um pôr do sol inesquecível, uma criança recém-nascida no colo, abraçar uma árvore. Naquele momento, você era monge, *monos*, unido a tudo.

Como fazer essa sensação voltar? Onde estará o manual de instruções do ser humano?

Pessoas descontentes e inquietas foram exatamente as que buscaram respostas. Nenhum monge começa pleno, sereno, em paz; ele é quem mais precisa de soluções. Uma vez encontradas, ele as pode compartilhar.

Por mais diferente que seja a jornada, em qualquer século ou milênio, todos os seres humanos têm peças e mecanismos equivalentes. Corpo e emoções; mente e consciência; o sutil e o concreto; o ego e aquilo que existe além dele, a alma. As descobertas dos primeiros monges, lá atrás, ainda nos servem. Eram gente como nós.

As religiões institucionalizaram isso tudo. Criaram métodos, listaram regras, ordenaram suas ordens de monges e monjas. Nada contra: isso ajuda muita gente. Mas a humanidade sempre confundiu método e meta, e acaba achando que monge é quem usa aquelas roupas, ou quem vive os votos de silêncio, ou o celibato, ou a meditação longa e profunda, ou a despojada simplicidade, todos os dias.

Monges fazem isso, sim. Mas não somos isso.

Ser monge é olhar para dentro. Entender a consciência, a mente e seus mecanismos. Buscar amar mais, encontrar a compaixão e marcar cada passo na vida com a certeza do significado.

Ser monge é encontrar o que há de mais elevado em você, e estruturar a sua vida a partir dessa luz.

É por isso que todos podemos ser monges, um pouco, um tanto, minutos por dia, horas por semana. O empresário, a avó, o filho e a mãe. Toda gente pode.

Há métodos variados de buscar a transcendência. A caminhada é interessante e rica. Monges budistas meditam longas horas, silenciando a mente, descobrindo a ilusão que nasce de pensamentos emaranhados. Outro grupo, que segue São Francisco de Assis, tenta amar a todos, pessoas e seres da natureza.

Mestres zen japoneses se casam, sem negligenciar as tarefas espirituais. Monges indianos *digambara* andam sempre nus, o exemplo máximo da renúncia e do desapego.

Os que mais me inspiram são os *rishis*, sábios da Índia antiga. Viviam entre todos e mantinham a consciência de monge. "Rishi" significa fluir — a energia que fluía neles era uma luz para quem dela precisasse.

Como ser monge nos dias de hoje? Vivemos tempos de maravilhas e tempos de desespero. A humanidade nunca teve tanta tecnologia e conhecimento, tanta liberdade, tanta interconexão, tanta consciência e luz. Ao mesmo tempo, podemos destruir o planeta, ninguém mais parece se entender, o diálogo é raso e a intolerância grita.

As antigas fontes de autoridade, as estruturas antes seguras — família, religião, as vozes doutas da ciência, as notícias inquestionáveis da mídia — não conseguiram acompanhar a velocidade da mudança, perderam o respeito e a confiança. O poder não está mais com elas, está com cada pessoa. O que faremos com ele?

Imagine um mundo de mais monges. Gente que saiba ouvir, conversar, ponderar. Que ame o silêncio e respeite quem é diferente. Que não se leve pelas suas emoções, mas pela generosidade. Um mundo em que o abstrato seja entendido como tão real quanto o concreto. Um mundo em que cada pessoa busque vencer não o outro, mas as tendências negativas de si mesmo.

Eis o motivo deste livro, este manual de instruções de como ser monge. Você é o motivo dele — não quem você é, mas quem poderá ser. Aqui estão as técnicas antigas, milenares, adaptadas para nossa vida de hoje. A meditação, a paz, o silêncio na mente; a busca da verdade, amar mais e melhor — até amar a si mesmo.

Imagine *você* mais monge.

monge é um estado
de consciência.

ser monge é entender
a mente e seus mecanismos,
amar mais, encontrar
o que há de mais elevado
em você — e estruturar
a sua vida a partir
dessa luz.

II.
SOU MONGE

Eu nasci, um dia. Sem nada demais.

Não sou ninguém especial. Só mais um humano, uma pessoa tentando entender como a vida é, qual a melhor maneira de caminhar por aqui. Sou uma pessoa comum em uma jornada extraordinária.

Não havia, na minha versão criança, muitas indicações de que eu seria monge. Era um pouco filosófico talvez; muito atento e observador, gentil. Mas muitas crianças são assim. O único dia que ficou marcado como um sinal de algo diferente foi quando caiu uma tempestade de verão.

Chovia. Chovia muito, a cântaros, um pé-d'água, chuva de céu escuro e nuvens rugindo. Era calor, a água estava agradável. Eu tinha três anos.

Estava na escolinha, o jardim de infância. Dela pouco me lembro. Nesse dia de chuva — assim me contam —, a longa fila das mães em seus carros para buscar as crianças dava a volta no quarteirão. Professoras atarefadas, crianças felizes e molhadas, pessoas se espremendo sob o pequeno telhado na frente da escola, e os guarda-chuvas que não davam conta.

Era uma boa chuva de verão.

Minha mãe chegou, era uma das últimas. A professora, que respingava, olhou para trás me procurando. E eu não estava lá.

Saiu todo mundo atrás de mim. Cadê ele, cadê ele, cabeças girando, olhos vasculhando lugares possíveis e prováveis. E nada.

A busca não demorou muito, mas a imagem final ficou gravada na mente da minha mãe até hoje. Ela me viu no meio do pátio, sentado no chão, debaixo da chuva, pernas e braços gordinhos.

Chovia granizo.

A cena era linda. Esses grãos de gelo são como joias descendo do céu, brilhantes, cintilantes. Batem no chão e pulam, saltam em imprevisíveis trajetórias. Diamantes que até, para uma criança, derretem na boca. Um tesouro.

Eu lá estava — concentradíssimo. Uma das mãos em concha, cheia de granizo; e com a outra eu pegava devagar cada um que caía ao redor.

Não ligava para a chuva, que assustava os adultos. Não pensava em mais nada. Era apenas aquela maravilha inédita, o espetáculo ao meu redor — e toda a minha atenção era dedicada, naquele momento, a guardar as joias translúcidas que caíam dos céus.

Anos depois, os monges explicariam que aquilo vinha da capacidade de concentrar-se, de focar no mais belo e importante, filtrar o que a mente traz e, assim, completar a tarefa e vencer obstáculos.

Essa ainda é exatamente a descrição do que eu faço hoje, todos os dias, quando medito.

definitivamente gente

Os monges com quem estudei me ensinaram a pouco falar do passado. Isso ajuda a estar no presente.

Mas pessoas me perguntam sobre minha caminhada. Eu nasci no Brasil, no interior de São Paulo. Ganhei nome de Davi — que significa "amado", e ainda me sinto assim. Cresci em uma família de classe média, cursei um ótimo colégio. Era amigo dos livros; lia, lia, mergulhava nas histórias e nos mundos que elas traziam.

A maioria das crianças me achava esquisito (eu era), mas sempre fui acolhido por boas pessoas, gente de abertura e amorosidade.

Nada foi fácil; e eu sou grato até hoje pelos obstáculos.

Eu tinha uma desconfiança secreta, mesmo aos meus dez anos de idade. O mundo criado pelos adultos parecia errado. Eu, claro, era ingênuo e infantil, desconhecia a complexidade. Mas não conseguia me acostumar com os antigos e arcaicos motivos pelos quais, segundo eles, tudo é. O mundo parecia uma bagunça, um improviso. As dores, a fome, a pobreza, a devastação, o egoísmo, a guerra.

Achava que eu poderia um dia me acostumar, como a maioria das pessoas faz. Ia ser soterrado pela poeira da vida, pela aceitação tácita das regras, a resignação da maturidade com umas gotas de cinismo e complacência. Não deu certo. Cresci ainda incomodado.

Era um rebelde gentil.

Tentei me encaixar sem causar ondas. Fui um adolescente feliz, de muitas risadas e amigos. Namoradas às vezes, cada uma delas por um tempo breve. Estudei em uma extraordinária universidade: para saciar a minha mente cartesiana, aprendia exatas.

Mas nas horas de intervalo eu lia sobre espiritualidade, debruçado sobre livros na cantina, sozinho. Às vezes me caíam lágrimas discretas do rosto, tocado pela beleza das ideias espirituais, querendo uma vida de significado. Lia de ioga ao sermão da montanha, de meditação a Sócrates.

Trabalhei na cidade grande. Presenciei os egos, os de outros e o meu. Testemunhei o medo que aprisiona e impulsiona, o atrito da competitividade, a inteligência e a ignorância, lados bons e ruins.

E o vazio dentro de mim só crescia, desesperador.

Me sentia oco. Tentei ter... mais sucesso? Mais conforto? Mais prazeres? Busquei a alma entre dores de amores e dores de poesia, mas nada de achá-la por ali.

Só a encontrei na simplicidade. Eu meditava, sem ainda saber meditar direito.

Os olhos se fechavam e minha mente inquieta, tão acostumada a pensar, ia se acalmando. A energia nascia: no centro do ser, vinda de algo a que eu não conseguia ainda dar nome. Será o coração? Serei... eu?

Eu não sabia — a gente não sabe — aonde é que a meditação iria me levar. O meu vazio era tão grande que eu não o conseguia acobertar; e assim, sem ter opção, a minha coragem também crescia.

Escrevi para um monastério em que a especialidade é meditação. Ele é pequeno, longínquo, venerável nos mais de dois mil anos de tradição da linhagem. Queria ser um deles.

E assim foi feito.

o monastério aos pés do vulcão

Não me importava qual seria a religião de onde eu iria estudar. Queria que fosse verdadeiro; queria que ali se ensinasse meditação.

Escolhi uma linhagem indiana, Nandinātha Sampradāya, originária dos Himalaias, estabelecida séculos depois no sul da Índia, na ilha de Sri Lanka. Mais recentemente, os monges se mudaram, fugindo de uma guerra civil. Encontraram um lugar extraordinário para reconstruir o monastério: a ilha de Kauai, na selva paradisíaca do Havaí, aos pés do extinto vulcão Waialeale. É um lugar inacreditável de paz e beleza; eu lá estudei.

Quando eu cheguei ao monastério, não havia levado nada de importante. Algumas roupas, poucos livros e um relógio, belo e moderno, que eu havia ganhado no meu aniversário de dezoito anos.

Fui recebido com abertura, amor e carinho. Era madrugada: os monges ainda cantavam os suaves sons de mantras, que eu ouvia de longe, e o fogo avermelhado crepitava no centro do templo. Amei a energia daquele lugar.

No primeiro dia, um monge admirou meu relógio.

— Lindo, não é? — eu disse.

— Sim — ele respondeu. — Mas você está apegado — e, falando isso, estendeu a mão. Entreguei a ele o relógio que eu nunca mais veria.

Era um teste, como tantos que viriam. Queria mesmo ser monge?

Eu, que havia lido e aprendido tanto, cheguei com a discreta arrogância de quem acredita entender a espiritualidade. Eu sabia, é verdade: só a teoria. Deram-me uma pá. Fui trabalhar na horta, onde meu intelecto era quase inútil.

O que eu mais queria, cartesiano místico que sou, era comprovar a verdade daquilo que eu havia lido. As energias existem? A meditação funciona? Os muitos planos da existência, as estruturas da mente, a alma e a luz interna, isso existe? E a iluminação?

Um degrau por vez, eu fui descobrindo.

Meditava com eles, bem cedo pela manhã. No início era difícil; mas depois foi ficando apenas intenso — como deve mesmo ser. Eu descobria. Eu sentia e comprovava. Eu via.

Era verdade.

Mas havia mais, muito mais. Era o caminho da prática, não o da teoria.

Depois de um ano no monastério, eu, que era um quase-monge ainda sem votos, fui para o teste final. Era o muro da chuva, mítico, temido – o vestibular dos monges. Eu teria que ficar em frente ao antigo muro de pedra que circundava o local, na frente da mata, meditando e refletindo. Ao estar do lado de fora, sentado e esperando, eu simbolicamente pedia para entrar. Um dia. Dois dias. Muitos dias. Até ser recebido e acolhido como um deles.

Algumas vezes eles me convidavam para, temporariamente, passar o dia lá. Em outros dias, não.

Éramos eu, o muro, e a minha mente a ser dominada – por horas e horas, e dias e dias, e semanas, no teste mais difícil da minha vida.

Trinta e três dias depois, fui aceito. Era monge.

Recebi o nome Satyanātha: "que busca a essência, a verdade".

sendo monge

Cada pessoa estava no monastério por um motivo maior. Para alguns era a paz que ali havia, para outros a vida de dedicação e serviço ao bem. Eu? Queria meditar para ser a luz da qual ouvia falar.

Acordávamos todos cedo. Os monges meditam das quatro e meia ou cinco da manhã até as sete e meia, e depois vão trabalhar. Cada um tem uma tarefa: eu era do grupo de comunicações, criando de livros a websites para divulgar os ensinamentos, usando computadores modernos. Éramos os monges com MacBooks.

O monge mais novo de todos, eu, tinha que preparar o templo para outros que viriam meditar muito antes do nascer do sol. Acordava às duas e meia da manhã, colhia flores e ia arrumar a sala de meditação.

Anos mais tarde, a minha vigília aconteceria em um horário mais ameno. Junto com todos, eu meditava na madrugada; mas à tarde voltava ao templo para estudar livros antigos em sânscrito e outras línguas, e para meditar mais.

Eu operava o trator, editava a revista que era publicada por nós, cuidava de alqueires de mata e plantação, cozinhava. Mas, mais importante, eu estudava o invisível, a metafísica, as energias, a mente em si.

Nos raros momentos de folga, eu caminhava pela floresta até uma cachoeira além do monastério — o que não era exatamente permitido. Ficava ali, em paz, encontrando a luz em mim. Conversava com a natureza sem palavras. Via o divino em todas as coisas.

E assim, mesmo cursando religiões comparadas no monastério, eu começava a mudar a minha ideia do que era ser monge. Não era nada budista, nem hindu, nem cristão. Era a luz de cada pessoa: era um estado de consciência — e este livro falará disso.

Muitos anos se passaram, e eu comecei a sentir-me inquieto. O foco e o sectarismo do monastério, por serem absolutamente fiéis à linhagem milenar de lá, faziam com que tudo fosse explicado no viés da Índia. Mas, em mim, eu havia descoberto que os ensinamentos eram humanos, absolutamente humanos; serviriam para toda gente. A humanidade toda é minha irmã.

Perguntei ao mestre se deveria sair, ensinar aos que não iriam até ali beber da fonte. Ele disse: "Você veio aqui para descobrir quem é, não para ser quem não é". Entendi. Era a minha tarefa.

Um dos monges abriu um mapa. Para onde eu queria ir?

— Tanto faz — eu disse.

Juntos escolhemos uma cidade pacata nos Estados Unidos, Palo Alto, onde há uma universidade, na qual eu ainda poderia estudar. Busquei um lugar tranquilo para me adaptar a viver fora do monastério; ali na pequena comunidade fui aceito como aluno sem vínculo, frequentando a biblioteca de manuscritos antigos.

O mundo me assustava. Seria possível ser monge fora do monastério?

Vivi por alguns anos viajando. Não tinha casa, só duas pequenas malas. Ainda fluo. A ordem que sigo é aquela que vem do coração; a intuição me comanda. Sou um monge infiltrado na cidade, de consciência livre. Tenho dado aulas para crianças e adultos, ensinado meditação, espalhado aquilo que aprendi, com alegria. Amo e sou amado.

Troquei os votos rígidos por princípios — como a simplicidade.

Acho que precisamos de mais monges. Você, muitos, todos. Não é necessário ser monge todo o tempo — eu não sou e, de verdade, ninguém é. Mas a luz de todos, de cada um, pode brilhar mais.

Para que exista mais coerência, mais compaixão, maior verdade. Para que a paz seja encontrada, óbvia, irresistível, quando as mentiras que contamos a nós mesmos cessarem. Para que a clareza silencie a mente.

A jornada é sua.

III.
SEJA MONGE

Este convite é raro — pois não leva a lugar algum deste mundo. É para ir ao que há dentro de você.

Você irá ler histórias sobre monges, reflexões, meditações. Todas falam de você em algum nível, pois falam de gente, falam de nós, do ser humano e da nossa maravilhosa máquina de pensar — a mente.

Não há certo ou errado aqui. Apenas deixe as linhas tocarem você; e, levado pela vontade de caminhar e pelo amor mais leve, descubra a si mesmo.

1.
A consciência

PRIMEIRA DESCOBERTA: O ENIGMA DA CORDA

Havia muitos anos, havia milênios, um viajante caminhava por um deserto ao sul dos Himalaias. Suor escorria pelo seu pescoço. Ele estava cansado. O sol que o havia castigado estava quase se pondo, inclemente, árduo. As sombras se estendiam, compridas, a noite chegava; o alívio também. Caminhando até o local tão esperado, o ponto do repouso, o viajante sequer mais pensava. Abria mão do entendimento, da análise. Só queria sentar-se, acalmar a respiração, aquietar o pensamento e beber a água barrenta salvadora que carregava num odre. Os passos haviam se arrastado lentos, decididos. Mas à medida que se aproximava do local de repouso ele acelerava, ainda que cambaleante. Quase correndo, foi atirar-se sob a árvore seca onde iria descansar...

E sentiu o peito abrir: o coração batia, uma explosão! Havia sentado em uma cobra naja e sentido a mordida!

Ela era escura, grande, assustadora. Naqueles séculos de medicina arcaica, aquilo era a morte: uma naja! Sentiu os calafrios da vida se esvaindo, sentiu memórias passando voantes pela mente, o amor por aqueles que perderia, emoções emaranhadas e sem fim, sentimentos belos e ódios sem sentido, medos inúteis e oportunidades perdidas. Ali ele morreria, naquele átimo de segundo, ele tinha certeza.

Alguns momentos se passaram. Nada. Na escura luz tênue da noite recém-chegada, ele aguardava. Ainda estaria vivo?

E então: deu uma risada.

Riu-se, riu-se. Gargalhava. Achando-se tolo, feliz, ria de si mesmo. Sua sonora gargalhada se espalhava; e como ali não havia mais ninguém para ouvir, ele era a audiência vendo o milagre da vida que ainda tinha. A cobra?

A cobra era uma corda. Grossa, esquecida ali por outro viajante. Com sua ponta desfiada, aberta em leque, havia se tornado uma perigosíssima naja; na mente, mas não na realidade.

O viajante parou de rir, devagar. O sorriso permaneceu em seus lábios, sutil. Preparou-se para dormir, exausto, feliz. Mas aquele evento, tão prosaico, lhe parecia extraordinário. A corda era a cobra, que era a corda. Assim, ele descobriu um segredo profundo, essencial para os meditadores:

O que acontece importa apenas na medida em que afetar a sua consciência.

A verdade é que aquele exausto viajante era um sábio. Estudava o que havia acontecido. A corda, tão banal, havia feito o seu coração disparar — na realidade! O suor frio havia escorrido pela sua cabeça e pescoço — de verdade! Assim ele descobriu, empolgadíssimo, que aquilo que acontece na nossa mente tem efeitos reais na vida e no mundo. Será, ele imaginou, que ao alterar aquilo que acontece apenas na minha mente, eu também altero os efeitos que as coisas têm sobre mim?

E assim começou a sua descoberta da meditação.

a mente e a realidade

Essa história, antiga e profunda, é contada com frequência no Oriente distante. Na Índia, no Tibete; nas terras em que a mente é entendida como uma máquina extraordinária e intrigante, para ser manejada e aperfeiçoada. Há uma diferença fundamental entre como a mente é vista na cultura ocidental e a abordagem do Oriente. Para nós, ocidentais, esse conjunto de memórias, e preferências e afetos, e medos e decisões, e habilidades e potencialidades — a que chamamos de mente — é a nossa identidade; aqui, tudo isso seria o que define você. Mas na visão oriental, a mente é uma ferramenta. Lá, ela ao mesmo tempo influencia e é

o que acontece importa
apenas na medida em que afetar
a sua consciência.

influenciada pela sua verdadeira identidade — a consciência e a atenção no centro dela.

Aquilo que temos como os fios que tecem a nossa identidade, as músicas de que gostamos, a história da nossa vida, as cicatrizes que temos, nossas habilidades e afetos? Tudo isso está dentro da nossa consciência. Como a casa que você cria para si mesmo, onde cada objeto foi escolhido por você e é um resultado das suas afinidades, uma expressão da sua identidade — mas você não é aquilo. Esta é a perspectiva oriental, do meditador, e ela é poderosa.

Incapazes de mudarmos imediatamente tudo no mundo, podemos mudar aquilo que o mundo causa em nós. Cada experiência que temos nasce de duas vertentes: um fato (concreto e externo) e uma repercussão (sutil e interna). Ao alterar a repercussão, a nossa reação, podemos alterar a experiência de fatos imutáveis — e com essa força aceitar o presente, e criar o futuro.

Nosso viajante, o sábio que atravessava o deserto, teve uma noite agitada no início, intrigado pela descoberta e empolgado ao refletir sobre as possibilidades. Mas mesmo assim descansou; dormiu profundo, um sono aliviado de quem havia atravessado o perigo, ou então descoberto um tesouro da mente. Saiu repousado e forte, antes da aurora do dia seguinte. Partiu.

A cobra, a corda, ficou ali. Mas sua mente ponderava: será, talvez, que há outras serpentes na minha cabeça? Cobras imaginárias, perigos irreais, que me assustam e atormentam? A cobra da corda era óbvia, abençoada em sua nitidez de engano, claramente inanimada. E outras coisas, serpentes da mente, menos óbvias? E meus medos imaginários? Que me fazem suar à noite, que me tremem as mãos e secam a boca. Seriam também, eles, enganos de corda? Ilusões? Com efeitos temerários e reais que me atormentam? Pensava, pensava. E caminhando seguia.

primeiro segredo: a mente define a sua realidade

A mente é uma estrutura que se forma sobre o vasto campo da consciência: memórias, pensamentos e sistemas, referências e significados. A partir disso nasce a definição de quem você é, e como entende o mundo.

A consciência é maior do que a mente. Ela é infinita em seu potencial. A mente é finita porque é uma construção nossa.

Mudar a mente é mudar a vida. O que uma pessoa acredita que seja, para ela é. A mente define a realidade que cada um vive a partir de sua perspectiva.

Quem acredita ver a cobra sofrerá como se ela existisse.

Isto permanece até que novas informações sejam maciças e irrefutáveis, refazendo lentamente as referências da mente estruturada... Ou, por outra via, até que a consciência se expanda, leve, rápida e ampla, criando espaço vazio para o novo entrar.

Este livro irá ajudar você a entender este segredo.

as meditações

A mais poderosa estratégia que eu conheço para sermos monges, para usarmos a mente a nosso favor, é a meditação. Ela muda tão completamente a nossa perspectiva que nos mostra o que será nosso futuro: atingimos a paz por um momento, até que ela seja paz de vida toda.

Ao longo do livro, você irá conhecer vinte e oito meditações — das mais simples até algumas avançadas. Cada uma tem um *nome*; um *tempo estimado*; um *aprendizado*; e um ou mais *passos* para serem seguidos.

Leia todo o texto de cada meditação antes de iniciá-la. Tente memorizar os passos, sem se ater a detalhes, do seu jeito. Se, depois de iniciar a meditação, com os olhos fechados, não se lembrar do passo seguinte, deixe para lá. Continue a meditar, e na próxima vez amplie a meditação,

o que uma pessoa acredita
que seja, para ela *é*.
a mente define a realidade
que cada um vive a partir
de sua perspectiva.

incluindo mais passos. A repetição é importante e o aprimoramento vem das muitas tentativas. A perfeição não é possível — nem necessária.

O tempo estimado é apenas uma sugestão. A meditação, para ser eficaz, não precisa ser longa: ela precisa ser intensa. Às vezes, principalmente nas mais profundas, é preciso dar à sua concentração tempo para navegar na mente. O tempo indicado é o mínimo estimado: pode meditar mais, claro!

Se você quiser usar um alarme, um aviso sonoro para parar de meditar, faça isso — pode deixar você mais tranquilo, para não perder hora. Mas sempre o coloque com cinco minutos a mais do que a estimativa de duração da meditação e tente terminá-la antes de ele tocar, para que a paz atingida não seja atrapalhada com o susto do despertador. Use o volume baixo: você irá ouvir.

Boas meditações!

meditação 1: sentir o agora

5 minutos

Aprendizado: *A postura*

Sente-se confortavelmente. O mais importante é manter a coluna ereta, sem forçar. Coloque a parte de baixo das costas, chamada de lombar, levemente para a frente — o que faz seus ombros serem naturalmente levados para trás. Isto é mais fácil sentando-se não sobre uma almofada, mas sobre a ponta dela, apenas a ponta de suas nádegas a tocando. Assim, seu peso não fica apenas sobre a base da coluna, mas se espalha pelos músculos e ossos dos quadris e da parte alta das coxas. Outra possibilidade, simples, é sentar-se na sua poltrona mais confortável. Não há problema, mas mantenha a coluna ereta, com as solas dos pés plantadas no chão. Ambas as posições são corretas.

Os olhos se fecham, e a cabeça permanece como se estivesse olhando para a frente, sem descer. Coloque as mãos abertas no colo, direita sobre a esquerda, com os dedões se tocando, apontados para fora.

Entre na postura correta sem se importar com a estranheza dela. Então — suspire! Leve os ombros para cima e solte. Deixe que o corpo confortavelmente se ajuste, ereto, mas gentilmente equilibrado.

Passo único

De olhos fechados, perceba a sua existência. Além das opiniões e dos pensamentos.

Perceba o corpo, cada parte dele. Então, de baixo para cima, vá observando os músculos e ordenando que se soltem e relaxem. Os dedos dos pés, os pés; as pernas, os joelhos, as coxas; os quadris; as costas, o abdômen, os braços, as mãos, os dedos das mãos; os ombros e a nuca, que guardam tanta tensão; e solte e relaxe a expressão facial.

Sinta o agora.

A respiração é profunda, sem nenhuma técnica específica.

Para cada pensamento que vier, quantas vezes for necessário, em três segundos o abandone e volte a sentir o agora. Conte um, dois, três — volte a sentir e ser. Só isso existe, em seu momento mais particular: você, na sua meditação. Aproveite a sua companhia.

SEGUNDA DESCOBERTA: A NATUREZA DA CONSCIÊNCIA

A consciência é um mistério.

Ela é difícil de ser entendida porque ela é, exatamente, aquilo que usamos para compreender, ver e analisar. É como um senhor distraído, com expressão confusa, que pergunta "cadê meus óculos?" com eles ali, pousados sobre o nariz. Os óculos somem na visão, assim como a consciência some na mente, sobrepostos, mas não iguais. Qual a diferença? Os óculos são apenas a ferramenta, e assim também é a mente.

A *ciência* tenta entender o que é a consciência. Nomes parecidos, em uma vastidão de diferenças entre eles. A ciência usa métodos válidos e concretos, eletrodos grudados na cabeça, pesquisas criteriosas, na busca de entender como a matéria cinzenta do cérebro, nada encantadora com suas dobras e entrâncias, pode ser a morada da consciência. Cientistas procuram entender, avaliar e classificar.

Mas meditadores têm outro relacionamento com a consciência. Não procuram delimitá-la, mas expandi-la. Caminham por suas infinitas vias, encruzilhadas e descobertas, vivendo o que é ser a própria consciência e, ainda assim, andar por ela.

Você já percebeu? Este é o mistério ao meditar:

A consciência investiga a consciência.

Ela é a essência da sua experiência de vida. É nela que tudo ocorre, a tela em branco que será pintada, o papel dos livros a serem escritos, o palco onde tudo acontecerá.

A cada instante da vida, através dos cinco sentidos, nós criamos dentro de nós, na *consciência*, uma cópia daquilo que está acontecendo e sendo percebido. Cada cor que enxergamos não é, na verdade, exatamente aquilo que vimos. O que chega à nossa mente é uma simulação, uma interpretação derivada da capacidade dos nossos sentidos de captarem aquilo. Há cores, por exemplo, que pássaros conseguem ver — e nós não. A vida nunca é exatamente aquilo que captamos. Sempre teremos, apenas, uma ilusão baseada em fatos reais — uma adaptação criada na consciência.

Observe por um momento uma cadeira por aí, próxima de você, ou, se ela não estiver perto, apenas lembre-se dela, de sua forma e imagem, suas cores e materiais. Independente do método que você tiver utilizado — memória ou visão — o efeito foi similar: a cadeira aparece agora na sua visão interna, na sua mente, no centro da sua consciência.

Essa consciência é você, além do seu nome, além da sua história. No centro desta consciência há a atenção.

É daí que vem a pergunta antiga, feita há milênios: quem olha atrás dos olhos? Quem é a visão da visão, o ouvido do ouvido?

É a consciência e, no centro dela, a atenção.

Isto é muito importante porque daí nasce a essência da liberdade do meditador. Não importa o quanto a sua mente seja complexa, indomável, feita de inquietudes e cicatrizes. A *consciência* é pura; a *sua* consciência é livre. É só aprender a utilizá-la, e a meditação é a mais eficaz ferramenta.

a história de você

Você é um ser que ama, que vive. Que sofre, que vence e aprende. Que chora lágrimas, que sua, que se esquece, lembra, perde, encontra.

Se você vivesse mais mil anos — fosse por mágica ou medicina — e cada uma das suas opiniões se alterasse, devagar, e suas memórias se apagassem misturadas na areia do tempo, e o corpo inteiro fosse novo... ainda assim algo ficaria, no centro do centro. Isso seria você.

Esta é a consciência. A chave da meditação, a descoberta mais importante.

A consciência é um vasto plano onde colocamos tudo aquilo que aconteceu conosco, dentro e fora de nós, o que pensamos e sentimos, o que sabemos e imaginamos. Tudo.

Imagine uma folha em branco, ou um imenso deserto onde não existe nada. Esta é a metáfora perfeita da consciência: ela é aquilo que existe antes, a matéria-prima, a tela que receberá o pincel. Você é a consciência, e os pensamentos acontecem em você, como as pinturas existem sobre as telas e os livros habitam as bibliotecas. Mas você não é seus pensamentos: você é a consciência que os abriga, pensa e constrói.

Esta é a lição: existimos com uma percepção apenas parcial do universo — e, no entanto, ela é absolutamente real para nós, é aquilo que podemos sentir e entender e ver. A consequência disto é que, se aquilo que realmente importa é a consciência, então ao mudar a consciência eu consigo mudar a minha vida, a experiência que eu tenho do mundo, a existência.

Sua história importa pouco como fato: o que vale é como ela existe *agora*, em você.

Um poder que há entre iogues e meditadores, entre sábios contemplativos e amigos do silêncio interno é saber alterar aquilo que a vida significa, antes de transformar aquilo que a vida concreta é.

meditação 2: a neutralidade em si

5 minutos

Aprendizado: *Redefinir as reações*

Os fatos passados não mudam, mas a nossa reação a eles sim. Não apenas na hora do acontecido, mas também muito depois — e isso transforma o pensamento registrado em nós.

A maior parte dos significados que damos ao que nos acontece é feita de maneira automática, rápida e às vezes improvisada, pela mente. Mas nós podemos revisar os rótulos que foram colocados, melhorando o processo.

Passo único

Busque a neutralidade da observação. Ainda de olhos abertos, observe onde está. Esqueça-se, lentamente, dos significados que cada objeto traz — simplesmente seja a testemunha daquele momento. Perceba onde está sentado e o que existe ao seu redor.

Feche os olhos, para então notar o mundo interior. Nele também não julgue — apenas observe com neutralidade. Pensamentos vêm. Apenas os note, como fez com os objetos do mundo concreto, sem atrelar significado.

Respire mais fundo: inspire e encha todo o tórax de ar, preenchendo o alto do peito por último. Solte o ar devagar, expirando em um movimento que parece descer até o umbigo. Repita várias vezes.

Tudo o que você acha, por um momento deixe de achar — as opiniões ficarão lá, e você depois pode pegá-las de volta.

Dentro de si mesmo, busque a observação neutra. Sem julgar nenhuma ideia, nenhum conceito, nenhum pensamento ou memória. Livre-se por ora de suas reações ao que você enxerga na mente.

Testemunhar e respirar — repetidamente.

Devagar, quando sentir que as opiniões antes pesadas agora incomodam menos, vá retornando da meditação; para isso concentre-se na respiração e sinta o corpo, até abrir os seus olhos.

Sem você precisar comandar, a sua mente criará novos significados, bem mais adequados, para repor as reações que haviam ficado impressas nos pensamentos que você investigou na meditação.

a planta nascente

Há muitos, muitos séculos, em tempos ancestrais nos quais sequer a língua que falamos hoje existia, havia a meditação da planta nascente. Em monastérios distantes da correria do cotidiano, das obrigações engessadas, de tempos de guerra e rigidez social, jovens aspirantes a monge aprendiam a descobrir a consciência e meditar com a planta nascente.

Com seus pés descalços, suas roupas simples, o aspirante a monge cruzava as pernas finas sobre uma almofada improvisada de capim seco. Olhava a planta que seu mestre havia ali colocado, na frente dele. Uma planta pequena, um broto vicejo, de poucas folhas e muita vontade de crescer, em um vaso de barro improvisado e imperfeito.

Inicialmente, meditava de olhos abertos. Olhava a planta e a colocava, através da visão, na sua consciência. O interesse logo iria embora: o que tanto havia para ser observado em uma planta? Sem encantos, minúscula, de pouco significado. A planta, oras, já havia sido copiada para dentro do aspirante, moldada como pensamento pela mente, refeita no vasto palco da consciência. Nada mais importava ali; a planta física poderia ser até retirada. O futuro monge fechava os olhos; mas a mente o atacava, arrancando dele o controle. Não conseguia mais pensar apenas na planta, que era tão pouco interessante. Vinha a ideia do almoço, e a suposição daquilo que seria cozido naquele dia por monges calmos e mais velhos, que já haviam dominado a meditação da planta. Ele tentava, mesmo de olhos fechados, sentir com o olfato o aroma daquilo que estaria sendo preparado: seria suculento ou insosso? Comida de monastério?

A mente ia-se, vagava. Será que eu estou aqui no monastério e deveria mesmo estar? A comida que a minha mãe fazia era melhor. E então o quase-monge percebia a mente que havia partido, errante, trazido objetos e imagens e ideias e elementos do fundo da consciência para o foco da sua atenção, e assim afastado a planta. Havia se perdido. Ele abria os olhos, assustado:

A planta estava ali, nascente, igual.

Poucos minutos haviam se passado. Ele voltava a meditar.

De olhos abertos, contemplava a planta de tão pouco interesse. Suas folhas eram pequenas, de um verde vívido, intenso e alegre. O caule era frágil. Não havia nela nada mais para se ver, nem flores nem frutos. Inquieto, esticava os braços e girava o vaso, na tentativa de ver algo novo. Mas os seus cinco sentidos insistiam na mesma mensagem: aquilo é a planta, que é a planta, é a planta. O que mais haverá para se ver?

A futura árvore estava ali, defronte ao futuro monge.

Ela foi, lentamente, tornando-se um obstáculo para o aspirante. De uma plantinha inofensiva, se tornava uma inquietação, um incômodo. Ele fechava os olhos, visualizava a planta dentro de sua mente, cada folha. Havia decorado cada detalhe. E ainda assim, intensa e quase desesperadamente tentando entender a tarefa, a missão, a própria planta, ele via a mente o dominar. Os pensamentos vinham. Até raiva — do mestre que o havia colocado em uma tarefa quase impossível. E medo — de não estar à altura, de nem sequer conseguir meditar.

A planta se tornara um tormento, uma dúvida. Uma afronta.

A cada dia, de manhã bem cedo, depois de cantar com os monges palavras antigas e mantras pedindo bênção e proteção na caminhada longa da iluminação, o monge se sentava em frente à nascente planta. Meditava. A mente ia; as dúvidas vinham.

Ele temia. Ele tinha esperança. Ele tremia. Engolia o choro, hesitava. Fechava os olhos. Abria.

Não sabia o que fazer.

Um dia, perguntou encabulado ao mestre o que deveria fazer. Qual a tarefa, afinal? Qual a lição? "A planta irá te ensinar", o mestre sorriu ao dizer. "Ela irá ensinar mesmo sem ela nada saber."

O jovem saiu esperançoso, mas cabisbaixo. Não havia entendido direito a resposta. O que isso significava? Sentado em frente da planta, tentava entender. Mas quanto mais pensava, mais a planta sumia do seu foco, do centro da sua consciência. Ele era levado a hipóteses, temores de um futuro ruim que nunca viria, ou esperanças de dias extraordinários e soluções mágicas. Quando voltava de tais devaneios, era apenas um magro moço, aspirante a monge, com a sua planta nascente.

Começou a dormir mal. Acordava à noite, muito antes daquele horário cedo, o antes-do-nascer-do-sol, quando os monges levantavam. Tinha dúvidas. A planta nascente, inocente em sua forma física, se tornara um tormento. Ele a via em sonhos turbulentos. Ele a temia. Ele a amava e odiava. A planta, indiferente, apenas sorvia os raios indiretos do sol em seu vaso de barro trincado, e crescia lentamente, espreguiçando novas e diligentes folhas em sua tarefa de um dia ser árvore.

A respiração do jovem que iria ser monge se alterava. Triste, a respiração ficava rasa, ocupando pouco de seu peito saudável e novo, que ainda aprenderia a amar. Ansiosa, a respiração tornava-se rápida, inconstante. Um dia ele iria controlar cada respiração com a força delicada e impecável de um mestre, mas ainda não sabia disto: havia encontrado uma trágica derrota, a planta maligna, sua vergonha e desespero.

Então, cansado e desanimado, entre varridas da vassoura de palha que usava para limpar o chão do monastério no cair da tarde, um dia o futuro monge lembrou-se de uma frase que o mestre havia falado e repetido, mas que ele nunca havia entendido:

"Tudo é aquilo que é."

A vassoura terminou uma última varrida, devagar.

Seus olhos se arregalaram, desfocados: a surpresa estava dentro dele. Do lado de fora, o mesmo monastério, a maravilha e o tédio.

Tudo é aquilo que é. Repetia a frase, encucado. Será que a sua meditação seria diferente, no dia seguinte?

Mal dormiu naquele dia, mas de esperança afoita. Algumas horas antes do sol os monges se levantaram; banharam o corpo, arrumaram as vestes. Refletiram em jejum, acenderam velas, cantaram em silêncio de pensamentos. Quando cada um dos monges foi cuidar das suas tarefas, o aprendiz sentou-se, com o sol brilhando seus primeiros raios, à frente da fonte de tanta angústia e preocupação, de sensações e emoções e medos e esperança: uma pequena e inocente planta, a muda de árvore nascente.

Sorriu levemente. Então franziu o semblante, concentrado: iria meditar.

De olhos abertos, no início, começou a usar a frase que aprendera: "Tudo é aquilo que é". A planta que ele havia olhado tantas vezes parecia nova: ele já a havia visto antes, mas uma vez colocada na sua consciência, ele começou a alterar o seu significado. Ela, fora dele, era uma simples muda de árvore. Mas, uma vez dentro de si, copiada do mundo concreto para dentro de sua mente, começou a ser distorcida, rumo a ser aquilo que ela não era. A planta havia se tornado medo. Ela havia se tornado preocupação, engano e hesitação, autojulgamento e tristeza. Ela havia se tornado um troféu também, a chave da caminhada à iluminação, a aspiração intensa, a sincera busca da paz. A planta havia se transformado em um conglomerado de símbolos, conflitantes e amplos, isentos de conexão com a fonte: a planta nascente.

O futuro monge sentiu a felicidade deste grande desvendar, a alegria de toda descoberta verdadeira.

Respirou fundo (sem técnica alguma, porque ainda não as conhecia). Olhou a planta, como milhares de vezes fizera. Copiou-a, igual, na consciência, e fechou os olhos. Mas desta vez fazia diferente: a planta era aquilo que ela era, apenas aquilo. Observava, sem julgar, sem criar hipóteses. O significado da planta era a própria planta, extraordinária apenas na sua simplicidade.

Sentia uma leveza sem explicação. Aquilo que havia estado intrinsecamente ligado na ideia da pequena árvore, as emoções e pensamentos, tudo ia embora, lavado pela constatação clara e evidente: tudo é aquilo que é, e a planta é apenas a planta. Ele se sentia leve, pleno. A postura corporal se elevava levemente, os olhos fechados. Sentia, mais do que pensava: aproveitava a sensação de liberdade. Os pensamentos escorriam, sem terem ganchos onde se agarrarem. Aquilo que, antes, o atormentava e atropelava cada vez que tentava meditar não tinha mais força. A planta nascente era tudo o que ocupava a sua mente. Só ela.

Meditava pela primeira vez.

meditação 3: a respiração da folha seca

5 minutos

Uma folha que desce suave, balançado e dançando ao cair, um outono gentil. Essa é a imagem que fala de uma técnica de respiração fácil, acessível e potente. Ao controlar o ar fluindo, você também controlará a sua mente.

Aprendizado: *Os pulmões plenos*

Sentado na postura correta, sem exageros ou dor, buscando colocar o corpo em uma posição confortável para que ele deixe você meditar como foi ensinado na primeira meditação, feche seus olhos.

Sinta o ar que entra, e o ar que sai. Observe-o.

A respiração altera e controla a velocidade dos pensamentos. Respire, pelo nariz, até encher completamente seus pulmões — mas sem forçar. O ar entra e preenche seu tórax, principalmente embaixo, não apenas no alto. A barriga se move, com a musculatura do diafragma fazendo o movimento maior.

Cuidado ao encher ou esvaziar os pulmões. Como um carro que delicadamente freia, pare suavemente ao completar a inspiração ou a expiração, para que não exista tranco nem susto.

Passo único

Coloque uma das mãos sobre o alto do peito.

Respire sem que o peito se mova até o último instante, quando os pulmões terminam de encher. Sinta como isto o centra, foca e relaxa.

Mantenha a atenção focada na respiração e nos seus efeitos em você, observando cada músculo, cada emoção e sensação. Apenas observe.

Sinta o ar que dá vida entrando em você, trazendo energia. Ela fica em você, e ao exalar, o ar sai vazio, suas baterias agora recarregadas. O ar entra — energiza você. O ar sai, vazio — e seu corpo relaxa mais.

Deixe as duas mãos no colo, na posição da meditação.

A respiração da folha seca é dar uma leve e suave pausa ao final da inspiração e da expiração. Com os pulmões cheios, pare por dois segundos — e sinta a consciência se expandir. Solte o ar. Com os pulmões vazios, pare por dois segundos — e sinta a vida no seu corpo. Sempre com suavidade, sem sobressaltos, como uma folha seca que cai durante a beleza do outono. Continue esta respiração repetidas vezes.

Faça a respiração da folha seca por alguns minutos, e depois deixe o corpo respirar naturalmente, sem controle. Foque a atenção em apenas existir — a mais bela e profunda atividade.

a mestra pequena e verde

Quando o jovem monge conseguiu meditar pela primeira vez, com a pequena planta à sua frente, ele mal conseguia acreditar.

Os momentos se passaram, sem número nem conta; mas a mente dele começou a se cansar, finda a euforia da primeira descoberta. A brisa de outros pensamentos vinha, tentando colocar no foco da sua atenção outras coisas, que não a simples planta. Com cuidado, colocava novamente a sua atenção na planta, às vezes abrindo os olhos, outras vezes a vendo apenas dentro da consciência. Observava sem analisar e sem julgar. Protegia-se do peso dos pensamentos ao não deixar que o objeto da meditação, a planta, tivesse outro significado além daquilo que, na realidade, ela era. Sentia-se leve ainda, mas era difícil manter por tanto tempo a concentração.

Dias depois, outra grande descoberta pareceu cair dos céus sobre o jovem aspirante a monge. Habituado a olhar o caule verde, as folhas tenras e suaves, e a manter tanto quanto possível a mente na sua planta, se esforçando para não divagar e às vezes errando, o monge percebeu algo novo. Ali havia vida.

A planta nascente era um milagre, uma promessa. Aquela pequena vida era a possibilidade de uma árvore, de pássaros cantando em seus galhos, de outras mudas e novas plantas. Ele viu ali a planta como ela era, encantado, e começou a sentir a seiva que por ela corria, produzida a partir da água com que com tanto cuidado ele a regava todos os dias. Cada folha era extraordinária, tocada pelos raios do sol; as raízes ocultas sob a terra trabalhavam incessantemente. O aspirante a monge começou a sentir que dentro do seu corpo, também, havia vida. Começou a achar-se mágico, impressionante, tanto quanto a pequena árvore. Em uma expansão da consciência, deixou de perceber apenas a sua pequena rotina, e começou a entender a vida que há dentro da vida, as sucessivas estruturas que precisam existir, com vida em cada uma delas, e ele parte única e integrante da vida sem fim. Ele alimentava a planta, e respirava o ar puro, e bebia a água do rio; e a vida vivia nele, na respiração, nas entranhas e nos rins, e na alegria que ele sentia naquele momento.

Sua consciência se expandia, quase uma explosão de luz.

O que aconteceu com ele, pela primeira vez, foi sair da prisão da matéria, do óbvio e do concreto, e chegar à essência: a energia pura que tem todo o potencial. A isto, os monges mais velhos chamavam de transcendência. A pequena árvore se tornara sua mestra.

Ele chorou, comovido, amando, tocado.

Sentiu a paz de quem compreendeu o indescritível. Levantou-se suavemente e, sem pressa alguma, esperou a manhã seguinte para falar com o seu mestre humano. Dormiu em paz, com ausência de sonhos e apenas alguns leves pensamentos.

a luz do meio do caminho

Quando finalmente relatou ao mestre o que havia descoberto, o sábio, cujo rosto mal escondia a satisfação alegre pelo progresso do moço, disse apenas: "Tudo é aquilo que é". Sorriu, enigmático.

O jovem meditador ficou confuso. Não tinha, já, completado o aprendizado? Primeiro havia descoberto quantas ideias tortas e expectativas pesadas ele colocara sobre aquele simples broto; depois, quando limpara a mente, a viu como ela era; e depois ainda sentiu a essência do que a planta poderia ser. Haveria mais? Confuso passou o dia, e assim foi dormir.

O que aquilo queria dizer? Na manhã seguinte, sentou-se cautelosamente à frente da jovem árvore que crescia.

Contemplou-a. Tinha as folhas verdes viçosas, como antes, como sempre. O caule esticando na intenção de tornar-se um tronco. O vaso rústico havia sido memorizado em cada imperfeição e rachadura.

A tal da planta sublime, a chave mágica da iluminação na extraordinária experiência do dia anterior, havia se tornado apenas um matinho em um vaso de barro rústico. Nada demais.

Tudo é aquilo que é, pensou. E assim começou a ver a planta apenas como ela era. Por horas, apenas viu a realidade concreta mais óbvia, até duvidando da transcendental experiência que o havia impactado.

Descobriu: quando ele apenas observava, havia paz, havia serenidade. A observação neutra e pura o protegia de outros pensamentos, e ele existia, ali, na alegria de existir: sem outras hipóteses ou conjecturas. Sentia leveza.

Ao colocar a sua atenção plena sobre a planta, desligava-se de todos os outros pensamentos. Sentia-se livre, puro. Mas a transcendência que havia sentido antes havia desaparecido.

Aguardaria, ele decidiu. A experiência iria voltar. Qual era a chave?

Como retornar ao estado de consciência belíssimo que visitara, quase como que por acaso?

Agora, tendo a planta como silenciosa mestra, ele esperava com mais atenção. Observava, sem julgar, o que acontecia com ele. Via os pensamentos vindo, repetitivos, ansiosos, e os deixava passar: a árvore *é*, pensamentos não *são*. Desta vez, entretanto, começou a perceber algo diferente. Quando relaxou profundamente, os cantos dos pássaros ao longe carregando a meditação num ritmo suave, a brisa leve, ele sentiu uma abertura no peito. Abria levemente os olhos, os fechava, e existiam ali, na consciência, apenas ele e a árvore. Mas ela começava, levemente, a se revelar como mágica e cheia de vida. A experiência estava voltando.

Entregou-se a ela. Descobria a estrutura, o funcionamento: *tudo é aquilo que é*, mas algumas coisas existem em vários níveis e várias camadas. Acostumados ao concreto, vivemos apenas o significado óbvio das coisas. O cotidiano oculta maravilhas, segredos. A chave da transcendência é exatamente ela existir em tudo e em todos, escondida no infinito de si.

Meditar não conectará ninguém a uma divindade incompreensível e distante, mas ao divino que sempre esteve em tudo.

Percebeu a irmã árvore, pequena, aprendiz; tão igual a ele, iniciante também, cheia de vida. Sentiu-se amado, abençoado. A seiva dela era dele, o sangue dele era dela; a natureza era a vida nele e na pequena planta. Mas a consciência que se expandia, ah! Essa era a dele. Meditou longa e profundamente.

Quando a meditação terminou, abriu os olhos.

O aspirante a monge havia se tornado um meditador.

Sentia-se mais confiante, sem ter nada para impor. Sentia-se mais sábio, sem ter nada a dizer. Sentia felicidade, sem precisar celebrar.

Havia descoberto a consciência.

Levaria tempo para repetir aquela tremenda experiência, intensa e pura. Às vezes, o meditador iniciante consegue voar, com a sua mente vazia, para alturas que só conseguirá visitar com consistência e segurança depois, com ajuda de muitas horas de tentativas. O que o monge experimentou é real; absolutamente real; é o nosso destino.

A evolução de cada pessoa é inevitável, segundo os sábios mestres. Levará as vidas que forem necessárias, e caminhamos desde já.

meditação 4: voar na consciência

5 minutos

Aprendizado: *Os sinais que indicam o caminho*

A consciência se torna fácil de perceber quando aquietamos o que está sobre ela, a mente.

A atenção continua clara, intensa — mas ela se foca em crescentes níveis de sutileza. Há indicações que nos ajudam a saber se estamos no rumo certo dentro da meditação: uma nascente sensação de liberdade, de pureza, de alegria sem motivo, de uma verdade sem palavras. É como voar dentro de si mesmo.

Passo único

Colocando seu corpo em uma postura confortável, feche os olhos. Sinta o quanto é precioso aquele momento: você está com você, apenas.

O ar entra e sai como um presente, abastecendo os pulmões, alimentando as células. Receba-o com abertura e gratidão, repetidamente.

Esquecendo o corpo, sinta que você existe além dele. Esquecendo as emoções, perceba que você existe além delas. Esquecendo os pensamentos, descubra que você existe além deles.

Como se você voasse dentro de si, busque a sensação de maior liberdade, sentindo o momento presente.

Sucessivamente, busque a sensação de voar. Seja feita de imagens ou apenas de um conceito, simplesmente se entregue a ela. Mais e mais.

Cada pensamento que vier é como um pouso. Continue a voar, os recusando.

Respire profundamente, cada vez que sua atenção voltar ao ato de respirar.

Quando naturalmente a concentração se dissolver, você se lembrará do seu corpo. Retorne suavemente da meditação.

uma cópia do mundo dentro de você

A planta nascente era apenas uma planta. Ao longo dos meses ela havia sido e se tornado, nele, uma trágica fonte de apreensão, uma derrota; ela havia sido motivo de choro, insônia, medo e tristeza. A mesma planta também havia sido a promessa do inexprimível, a euforia da descoberta, a ambição de se iluminar um dia. E, ao longo de todo o tempo... na verdade, ela era apenas uma planta nascente.

O jovem aspirante descobriu como é poderosa a consciência. Nela é possível alterar aquilo que a vida significa, antes de transformar o que a vida concreta é.

O meditador, sereno, torna-se afiado na sua capacidade da transformação do mundo. Ele aguarda, pondera, se liberta da tendência da reação imediata e tantas vezes bruta e desnecessária.

O meditador é um estrategista. Ele sabe mudar apenas o que deve ser mudado: transforma a si mesmo primeiro, acalma a mente. Então, com a visão serena na clareza objetiva, ele sabe o que deve ser cirurgicamente alterado no mundo concreto para máximo efeito.

O novo e jovem monge, ignorando isso, poderia ter mudado a planta de lugar, ou alterado sua rotina, ou procurado diferentes métodos e outros professores.

Ele não precisava mudar o mundo para afastar os seus temores; nem precisava mudar a planta para meditar. Sempre, todo o tempo, a mudança precisava acontecer dentro dele. A consciência é o campo de trabalho.

A planta se alterou em seu significado, sem nunca ter sido alterada na vida concreta. Quando colocamos algo na nossa consciência, aquilo atrai e adquire significados; é alterado e moldado e ligado a outras coisas que também havia na consciência. Nosso foco, a atenção, se atrela àquilo; e se prende.

A consciência cria uma cópia do mundo externo, mas cheia de símbolos e significados. Naquele emaranhado, facilmente nos perdemos.

É por causa disto que a meditação começa na observação: tudo é aquilo que é. Fortalecidos com o poder intenso desta habilidade, de observar a realidade sem julgar nem criar hipóteses, sem nos emaranharmos em suposições e significados internos, exercemos a atenção plena. Ela pouco a pouco, com uma intensidade invencível, vai acalmando a mente. Os pensamentos que estavam atrelados ao objeto da atenção, no centro do foco, começam a se desprender, um a um.

Aquilo que simplesmente *é* fica evidente, a serenidade vem.

Não é a realidade que nos assusta, nunca — ela pode trazer dor, sim; mas não traz medo, que sempre nasce da conjectura. Observar a realidade nos serena e acalma, mesmo que traga tristeza ou alegria, emoções verdadeiras e válidas, reais e necessárias. As emoções destrutivas são as que existem no futuro ou no passado, não na observação do presente: a ansiedade ligada ao futuro e a culpa ligada ao passado, por exemplo.

Ansiedade é a mente que fugiu para o futuro e não consegue mais voltar.

Depressão é a mente que fugiu para o passado e não retorna ao presente para criar o futuro.

Só a atenção livre vive no agora.

a consciência cria uma
cópia do mundo externo,
mas cheia de símbolos
e significados. naquele
emaranhado, facilmente
nos perdemos.

segundo segredo: toda experiência é fato mais significado

A consciência humana, o ser — você — experimenta sempre uma soma de fato e significado.

Os fatos são inegáveis, fixos e externos. Os significados existem em nós.

Estas páginas que você lê são apenas letras sobre o papel. Mas, ao se misturarem na sua intenção de meditar, são as chaves valiosas e necessárias para abrir a mente e clarear a consciência. Ou, tocando sua mais profunda aspiração, se tornam a confirmação de que você não está só na sua busca; que é bem-vindo, que é acolhido, e que sua luz existe na verdade.

Experiências dependem, todas, do que já há em você, que atribuirá significados a elas.

Uma xícara que cai? Um fato pouco importante, logo esquecido. Ou, se significar um descuido, será uma culpa embaraçosa por horas. Ou talvez signifique um presságio ruim, chamando medo e colocando dúvidas no centro da consciência, semeando hesitação e ansiedade por semanas.

Uma despedida? Uma experiência corriqueira, se significar a fluidez da vida. Mas se seu significado for a iminência da ausência, a experiência é a dor. E se a significação for a celebração da permanência do amor, da caminhada completada lado a lado, a experiência incluirá uma felicidade que vem da amada pessoa habitar em nós.

Uma mudança? A alegria do novo, a celebração do desapego. Ou o medo do desconhecido. Ou a intenção de criar, com alegria, o próprio futuro. Experiências diferentes derivadas de fatos iguais.

Através dos cinco sentidos percebemos os fatos. Mas os experimentamos quando os fatos interagem com o significado que damos a eles.

Essa é a força inacreditável da consciência.

A alteração do significado será sempre possível, mesmo daquilo que já aconteceu. Isso é a raiz da maturidade, a essência do autoconhecimen-

to: os significados definem a sua vida, e ela muda quando você os redefine, quando você muda.

Todos os fatos são imutáveis no passado e no presente imediato. O futuro será, sim, construído com amorosidade e ardor, e o meditador jamais será conformista: mas o presente é o que é, portanto precisa ser serenamente abraçado e entendido. Os fatos, uma vez aceitos, são esculpidos pela lâmina do significado, e assim a experiência pode se tornar completamente diferente.

O meditador aceita o passado, vive o presente — e cria o futuro.

a expansão da consciência

Se a consciência é onde experimentamos aquilo que vivemos, sentimos e pensamos — que então se tornaram as nossas referências —, o que é uma consciência pequena? E uma consciência grande?

Venha, vamos descobrir.

Imagine, por exemplo, um de nossos antepassados, uma pessoa de séculos antigos, que nasce, vive e termina sua vida perambulando pelas cinzentas planícies glaciais do norte, repletas de gelo. Sua consciência é vasta, talvez, sobre o conhecimento de peixes; pode ser ampla nas tradições de sua cultura e conhecimentos da tribo. Mas será, inevitavelmente, uma consciência menor do que a daqueles que leram ideias humanistas revolucionárias, presenciaram obras de arte, refletiram profundamente sobre perdão e compaixão, viajaram pelo mundo; será menor do que a dos que aceitaram o diferente e viveram o diverso, que ouviram a mais elevada filosofia e aprenderam com os ensinamentos iletrados de sábios sem nome, e então abriram-se a isso. Aquela pessoa do distante vilarejo, em sua vida e existência, teve poucas oportunidades para expandir a consciência, adquirir novos pontos de vista e novas referências, para criar novos significados.

Se você descobriu alguma coisa, então aquele conceito agora faz parte da sua consciência, foi nela introduzido e adicionado. A expansão da consciência é a capacidade de receber uma maior verdade.

o meditador aceita
o passado,
vive o presente —
e cria o futuro.

Essa expansão tem dois efeitos. O primeiro, claro, é o aumento das referências e das possibilidades de significado, para que o meditador altere em si mesmo o que experimenta antes de alterar o mundo. As perguntas mais impertinentes, as aventuras mais diferentes; as pessoas que nos acrescentam, as viagens que abrem os olhos, a perspectiva incorporada. Conversar com uma pessoa feliz que mora em uma barraca de madeira e vime no sul da Ásia abre a nossa consciência, a expande: incorporamos a ela a ideia de que é possível ser feliz ali, numa vida simples assim. Esse conhecimento se torna uma nova ala da nossa mente.

O segundo efeito da expansão da consciência, o mais importante, é que, assim como aumenta o conhecimento, aumentam *os espaços em branco* entre cada conhecimento. Quanto mais sabemos, mais entendemos que há muito mais a saber. Esta humildade crescente ajuda o meditador a observar cada vez mais; e a amarrar suas conclusões com dogmas e teimosias cada vez menos. A vida é enriquecedora: a dúvida é saudável, propulsora de descobertas e da busca de respostas. Como Sócrates, gradualmente sabemos que (quase) nada sabemos.

A expansão da mente torna o meditador mais calmo e confiante; mais capaz de amar e ser amado. Porque ele agora guarda em si os conflitos, observados e analisados, equilibrados: ele viu os lados todos da questão. De expansão em expansão, ele sentiu o frio, mas percebeu o calor. Observou a intensidade da tristeza e o êxtase da alegria. Entendeu aqueles de quem discorda, abraçou aqueles com quem concorda. Quanto mais ele compreende a vida, mais percebe o silêncio entre cada som, a simplicidade daquilo que importa de verdade. É nesta segunda consequência da expansão da consciência que nascem os sábios.

A analogia para isso é moderna: uma sala de cinema. Na tela ficam os pensamentos, como as luzes que viram o filme. No cinema, uma dança de cores e sons cria uma experiência que nos encanta, aterroriza ou emociona. Mas a luz que resulta em imagens na tela é equivalente à luz da consciência dentro de nós. O projetor do cinema, quando não há imagens, é de uma intensa luz branca. A consciência, quando não há pensamentos, é de uma intensa luz branca também, de

a expansão da consciência
é a capacidade de receber
uma maior verdade.

na expansão,
assim como aumenta
o conhecimento, aumentam
os espaços em branco
entre cada conhecimento,
para sabermos que há
muito mais a saber.

silêncio e paz. A analogia é rica: pois assim como no cinema uma luz mais forte cria imagens mais nítidas e claras, com cores mais intensas, também o meditador que acentuou a luz da consciência vê a vida com mais cor. A mais simples das experiências, como uma planta nascente, se torna para ele uma inundação de significado e sentido, que só pode haver porque na consciência dele existia lugar para isso nascer e se expandir, o silêncio, a luz interna, o fértil vazio. E, entre cada pensamento-imagem, há a luz. É nesta luz, no intervalo entre pensamentos, na ausência de julgamentos, que a consciência se evidencia e o meditador se conhece.

Esta é a experiência mais profunda do autoconhecimento: aquela que não consegue ser explicada, apenas ser vivida. A palavra que designa isto é "místico"; um termo lindo e gasto, vindo do grego *muein*, que significa "lábios fechados": o que não pode ser dito, o que não cabe em palavras.

O meditador tem infinito espaço em si mesmo, a consciência. E dentro deste espaço há luz. Essa energia límpida, quando nos concentramos nela, torna fácil acessar níveis de nós que se ausentam do nosso alcance quando estamos presos a formas e pensamentos. A compaixão é um deles: é derivada de uma faixa desta luz, e muito difícil de ser encontrada apenas na racionalidade. O amor incondicional também é uma sensação natural neste vão iluminado da consciência, onde quase não há pensamentos, e se torna difícil de alcançar quando nos afogamos no ego, no intelecto seco e na definição fria de amar.

Há meditadores, poucos, que expandiram a consciência sem usar o caminho do autoconhecimento. Ela se expande sempre que há uma intensa experiência de significado: e isso pode acontecer através de amar intensamente a vida e todos os seres; ou amar a energia que nos liga ao infinito e se entregar a ela. As jornadas são igualmente válidas. O mais natural é que as formas de expansão andem juntas: autoconhecimento, amor, entrega de si, verdade indizível e transcendente.

A consciência, uma vez expandida, nunca retorna à sua pequeneza anterior.

meditação 5: a presença

5 minutos

Aprendizado: *O encontro consigo*

Sente-se, prepare-se para meditar na postura correta. Use a respiração para se aprofundar em si mesmo, e para controlar a ansiedade.

Deixe, por alguns instantes, que pensamentos passem pela mente. Como se fossem caminhões e carros em movimento, eles transitam, e vão embora. Não embarque em nenhum deles, não aceite o convite. Permita-se, com suavidade, observá-los: e se perceber que, por instantes, começou a pensar em um assunto, relaxe, se perdoe, e volte a observar os pensamentos passando e indo embora.

Não os energize: aquilo em que você focar terá força. Não argumente nem brigue com objetos na mente. Seja o observador.

Passo único

Entre cada pensamento, há você. Perceba a sua identidade. Você não é apenas quando pensa.

Ao inspirar, sinta a sua presença. Expanda-a ao expirar, como energia. Ela irá além dos limites da pele: à direita, à esquerda, para a frente e para trás, para cima e para baixo. Expanda-a. Inspire, sinta o ar carregando suas baterias; ao expirar, espalhe a sua vibração em todas as direções.

A presença é aquilo que existe em você antes de agir ou pensar. É a sua energia básica e primordial. Seja o observador que testemunha a pura energia.

Respire profundamente.

Sinta o vão entre os pensamentos se alongando; cada um deles se vai, e mais tempo demora para o próximo chegar. Entre eles só há você — sinta isso.

A mente não fica vazia — ela fica plena da sua presença, na sua forma sutil.

Fique algum tempo consigo mesmo, além de conceitos ou pensamentos. Volte renovado. A sua presença o lembrará de quem você realmente é.

TERCEIRA DESCOBERTA: A ENERGIA EM SI

Tudo é energia.

As plantas, as árvores. As pessoas, as emoções, os pensamentos; o sol, a lua, estrelas e o mar; areia e grama; memórias e ideias.

Percebemos melhor a energia quando ela provoca ondas. É como o ar, que nos cerca por todos os lados, mas quase não o sentimos; notamos só o vento e seu movimento, que empurra, toca, interage e transforma.

Até a matéria é feita dela, parada, assim como o gelo duro está para a água fluida; energia constante e estável. Os pensamentos também são energia, embora bem mais sutil. A alma é a energia pura. Eu sou energia, você é. O monge das histórias também.

Nisso incluímos as energias descobertas pela ciência e outras, reveladas pelos meditadores de milênios antigos — de raios gama a sutilíssimas vibrações de chakras. Tudo está ao nosso redor, seja percebido ou não, detectado em aceleradores de partículas ou através da percepção de um mestre acostumado ao mais sutil.

São os efeitos que tornam a energia evidente. Quando nos sentamos ao sol, na beira de uma piscina, sentimos o calor que vai aquecendo o nosso corpo, a vibração dos fótons. Mais sutil ainda é o efeito que sentimos quando entramos em um lugar especial, abençoado, seja na natureza ou criado por gente — uma energia ascendente, algo que nos eleva, trazendo alegria e paz.

Aprender sobre a energia é aprender a manejar a vida.

Se tudo é ela — e *tudo é energia* — ao mudá-la, mudamos a essência, a matéria-prima de que a vida é feita. Algumas formas são muito difíceis de serem mudadas: seja uma pedra feita de matéria sólida, ou um preconceito, emaranhado e enraizado na mente de alguém. Mas a regra é simples: quanto mais liberta, mais livre e rápida a energia fluirá; e mais ela trará transformação e mudança.

É assim que o meditador age: primeiro nele, depois na vida dele, e a partir disto vai para mudar o mundo. Desfaz os nós em si, e então age.

A meditação primordial é aquela que nos coloca em contato com essas energias de dentro de nós, abrindo as portas de nosso mundo interno. Esta é base de todas as meditações. A partir dela, todas as outras serão mais fáceis e acessíveis. Aqui está:

meditação 6: meditação primordial — *o caminho ao mundo interno*

5 *minutos*

Aprendizado: *A preparação para todas as meditações*

Meditar é mergulhar no mundo que existe dentro de você, na consciência — e naquilo que sobre ela construímos, a mente. Tudo é energia, dentro ou fora de você.

Nesta meditação, aquilo que há dentro se faz mais importante e real do que aquilo que há fora. Não duvide daquilo que vir, sentir ou experimentar. É a sua realidade sutil, e ela existe sim.

Esse mergulho o levará ao extraordinário mundo interior e suas infinitas possibilidades.

O tempo da meditação é flexível. Cada passo completado pode levar mais ou menos tempo. Siga sua intuição, que virá com a prática.

1º passo: *A postura*

Sente-se confortavelmente. A coluna ereta sem forçar, a cabeça equilibrada sobre ela, os ombros para trás, a parte lombar das costas para dentro. Dê um suspiro e eleve os ombros para cima; solte! Encaixe-se nesta posição. De baixo para cima, vá relaxando cada parte de seu corpo, a sentindo e soltando músculos, tendões e tensões. Mantenha a postura ereta porém agradável.

2º passo: *A respiração*

Observe a respiração. Inicialmente não a altere. Sinta a energia do ar, que entra em você e o abastece. Aprofunde lentamente a respiração. Siga sempre esta regra: o ar sai um terço mais devagar do que quando entrou. Inspire, expire longamente, até o umbigo. Energize-se ao inspirar; então se expanda e relaxe ao expirar.

3º passo: *A presença*

A presença é sua. Sinta-a. Ela não existe no passado relembrado nem no futuro hipotético. Esteja no agora. Entre cada pensamento, há um espaço que não é vazio: ele é pleno da sua presença. Tente prolongá-la, deixando de entender ou analisar, e focando-se em sentir. Mergulhe mais e mais profundamente na existência dentro de você.

Daqui para a frente

Toda meditação se iniciará com esta preparação: 1. consciência corporal, 2. respiração e 3. presença no agora. Pratique isso para viajar na consciência, rumo às meditações intermediárias e avançadas.

a visão de lá de cima

O vento batia, frio.

O rosto sentia, a pele gelava. O monge encolhido se enrolava em seus panos, séculos depois do monge da planta, vindo de um diferente monastério, mas na mesma busca.

A alvorada havia chegado cedo, e encontrado o monge já ali, no alto da montanha. Acordara antes do sol, para caminhar. O sol era amigo e companheiro: brilhava e o aquecia de leve, seus raios o inspirando a buscar a luz interna.

Meditava. Às vezes abria seus olhos.

No alto, o tempo parecia não existir. A montanha era belíssima. Longe de tudo, com o vale profundo à sua frente, nada via que se movesse. Nem animais selvagens, nem iaques com suas pesadas cargas, ou pessoas carregando opiniões — nada. Sem referências, sem pessoas nem tarefas, ele ficava livre na consciência. O tempo tornava-se um gigante, presente e imóvel. Eram, ali, apenas a montanha, o vale, o sol e ele.

O monge abriu a sacola gasta e antiga que trazia, herança de um monge mais velho, que a havia ganhado de outro. Tirou dali uma nota, um bilhete escrito pelo mestre. Quando a mente ficasse vazia, ele poderia ler a instrução para a nova meditação. Estava pronto.

Abriu a mensagem, acalmando a ansiedade com uma respiração que havia aprendido.

"A energia segue a atenção", estava escrito.

Sorriu levemente. É hora, então – pensou. Já havia ouvido esta fala sagrada, um dos *mahāvākyas* como eram chamados na língua antiga, uma das frases-chave da meditação, da arte de meditar ensinada há séculos e milênios. Havia chegado a hora de entendê-la.

E não fazia ideia do que significava.

A energia... segue a atenção? A *atenção* ele sabia: era o centro da consciência, o foco-maior, onde nós nos colocamos em interação intensa com algo, um pensamento, uma pessoa ou um objeto. Estar atento é relacionar-se. É ver, é tocar, é sentir e analisar. É estar presente. A consciência é vasta, infinita: a atenção será o centro dela, sempre. Isso ele sabia.

Energia ele também conhecia, mais ou menos. Dali a muitos anos, sob uma árvore frondosa, idoso e cercado de jovens aprendizes, este mesmo monge explicaria o que é a energia com facilidade. O passar das décadas o ajudaria a compreender que a melhor pergunta para ensinar alguém teria sido a oposta: o que *não é* energia? Porque tudo é.

Mas ele não sabia entender a frase inteira, das duas palavras unidas. Refletindo em frente ao vale, o monge ponderava: "A energia segue a atenção".

Sorriu levemente, tendo compaixão da ignorância em si mesmo. Já havia aprendido isto: apenas uma tela branca irá receber o pincel, só a noite abrigará o dia, não há problema. A ignorância é fundamental para o saber: aquele que acha-que-sabe ocupa o espaço e não cria o vazio em si; sem isto, repleto de arrogância, nunca aprenderá nada. A compaixão era suave, doce. Sabia ser ignorante, e essa fraqueza ao ser aceita abria espaço para criar uma nova força, com sua mente fértil para a descoberta.

Respirou fundo, um suspiro. "A energia segue a atenção."

a ignorância
é fundamental para o saber:
aquele que acha-que-sabe
ocupa o espaço e não
cria o vazio em si.

Respirava, suave. Olhos fechados.

Falava baixinho, para ele apenas ouvir. Energia... atenção.

Respirava.

A energia segue a atenção.

O alto da montanha começou a desaparecer e o jovem monge foi mergulhando em si. O vazio primeiro; depois o escuro. Devagar, lentamente, apareceram dentro dele informações, memórias. Ele a nada se atinha: buscava a intuição mais profunda. Mergulhava fundo e ainda mais no profundo-de-si.

A intuição é educada. Fala baixo, não insiste nem reclama. E embora pareça-se com os pensamentos, é diferente: traz um raio, uma luz, e não o trovão reverberante de pensamentos repensados ecoando.

No silêncio a intuição fala.

Respirava. "A energia segue a atenção."

O monge se distraiu um tanto. O sol batendo no seu rosto mal o ajudava a se esquentar, a afastar a gélida brisa, mas era uma agradável companhia. Era a lembrança de dias de verão, de tempo bom; e assim, a mente levada por ela mesma, o monge foi levado longe. Ainda de olhos fechados, quente em suas lãs, sentia o sol bater e se lembrou da infância. Da brincadeira com a avó, amada e presente. Das alegrias com irmãos, irmãs, primos. A correria pela casa, os brinquedos simples, a descoberta de pássaros coloridos no quintal.

Sorriu e nem percebeu.

Mexeu sua cabeça, balançando-a em negação. Volte, disse a si mesmo. Medite! O sorriso ainda permanecia em seus lábios, assim como a sensação boa em si.

Meditava sobre a frase sagrada, a fala de sábios antigos, as pequenas palavras da grande sabedoria. Seus olhos estavam fechados. O bilhete do mestre vinha na imagem mental, claro em sua caligrafia cansada e hábil, as letras belas.

O monge se distraiu novamente.

A memória da infância boa trazia a recordação da sua mãe, uma mulher que era triste desde sempre. A alegria, no menino que ele um dia foi, havia sido contida, quase escondida. A mãe estava triste no verão ou no inverno, fizesse chuva ou um dia lindo. Era viúva. Seu pai, de quem mal se lembrava, era herói na vila, mas havia falecido cedo. Sua mãe carregava o luto como quem vestia a roupa do dia, e ninguém a via sem seu pesar. Quando menino, ele lhe lembrava fisicamente aquele homem ausente, um amor interrompido.

Lentamente, com a delicadeza de quem tem o tempo dos monges e ausência de pressa, o meditador começou a lembrar-se da mãe, querida mesmo com seu afeto seco. O acalento dela era raro, mas a dedicação era constante.

De olhos fechados, no alto da montanha, ele podia enxergar as memórias nítidas como se fossem de agora, as cores e lembranças... Os vincos e rugas da expressão de pesar da mãe marcando seu rosto, manifestação vívida daquilo que ela sentia.

Teve um sobressalto. Parou. Descobriu algo. Intrigado, lembrou-se da frase sagrada:

"A energia segue a atenção."

A energia da mãe era, inegavelmente, pesada; triste e solitária, embora honesta e dedicada. No rosto dela havia as marcas materializadas de cada pensamento. Os pensamentos, o monge já havia aprendido, têm todos vibração e informação: cada um deles, como uma nota musical, ressoa de uma maneira na gente, ecoa, reverbera.

Cada pensamento tem uma vibração, repetiu movendo os lábios, sem falar.

Então, ali, entendeu a mãe. Com a graça dos céus e pelas bênçãos, com a sabedoria de tantos budas, ele finalmente havia entendido! Sua mãe era triste porque havia se aprisionado, em sua própria consciência, por uma construção errada da mente.

A energia segue a atenção, e cada pensamento tem a sua vibração, não é? A mente da mãe querida, da mãe amada, estava presa. Sua atenção estava colocada, fixada, em um pensamento duro e de vibração negativa — a partida de seu pai, uma morte, uma ausência permanente na vida da moça de sonhos partidos. Como ela não conseguia parar de se lembrar disso, e raramente tirava dali o foco da sua atenção — aquilo, claro, reverberava. Quanto mais ela pensava, mais aquilo ecoava nela, uma música interna, uma sinfonia inaudível e pesarosa. E isso tinha efeitos: na ausência do seu sorriso, na pele vincada e seca, na vida. A energia que ela emitia, para quem quer que a encontrasse ou visse, era uma reverberação da tristeza, uma energia que vibrava, vinda de um pensamento que nela era irreversível.

Cada pessoa tem suas memórias, incontáveis. Cada memória é composta de informação daquilo que aconteceu, somada a uma *vibração*; uma energia-raiz, como ela é descrita no Oriente. As memórias ficam guardadas no inconsciente, inativas em sua maioria, quietas e silenciosas. Mas às vezes as colocamos no centro da atenção, onde há abundante energia. Ali, a memória se reaviva, e a energia-raiz dela irá definir qual será a energia resultante.

A consciência é vasta; em seu centro existe a atenção — e por ela flui nossa energia, vinda daquilo que temos de mais sublime, a nossa essência indescritível. A luz e energia da essência alimentam aquilo que ocupa a atenção.

É, pensou o jovem monge, como se cada pessoa tivesse um acervo de músicas, que ecoam dentro e fora de nós. A atenção as faz soar, energizadas e ampliadas. Essas músicas que vão tocando são nossa vibração, a aura ao nosso redor, dia a dia. Com o tempo, a energia que predomina em nós então cria e determina a nossa vida, trazendo efeitos reais para a matéria bruta — como a expressão facial e as rugas da mãe, como os tecidos escuros e pesados que ela escolhia para decorar a pequena morada que tinham. A ressonância interna dela era visível fora também, lentamente materializada na vida.

A atenção pura é livre, leve, um fluir na consciência, solta e aventureira como a de uma criança. Cada pensamento tem uma capacidade de atração, de reter e aprisionar a atenção. Quando ela está fixa nele, retida, o pensamento ressoa.

Há pessoas que mal conseguem parar de pensar em coisas que as preocupam, deprimem e inquietam. A reverberação desses pensamentos vai, aos poucos, transformando a pessoa, a fazendo viciada em pensamentos daquela espécie. É como se tais conceitos fossem grudentos e pegajosos: há ideias ou memórias ou hipóteses que, quando nos fixamos nelas, aprisionam a atenção — e a energia negativa reverbera.

meditação 7: o alto da montanha

10 minutos

Início

Entre na meditação com a técnica a ser feita no início de todas, explicada na meditação 6 deste livro: consciência corporal, respiração e presença no agora.

1º passo

De olhos fechados, mergulhado em si mesmo, imagine-se em uma montanha, em um ponto elevado. O que é imaginação torna-se realidade para a mente — como símbolo. Veja as pessoas, casas e cidades lá embaixo. Sinta a brisa ventando, o ar limpo, a imensa sensação de pureza. Sinta as pedras sob você.

Devagar, observe como as pessoas são pequenas ali distantes. Cada qual tem uma vida, com problemas e desafios, com história e anseios. O que incomoda você está lá, longe. No alto da montanha, só sua atenção no centro da sua consciência. Nada mais o prende. Sinta a liberdade.

Atinja a perspectiva do alto da montanha. Veja sua vida como um todo. Cada anseio, cada medo, cada tragédia ou alegria. Do alto da montanha, tudo é visto na inteireza da caminhada. Esteja na sua presença.

Aceitando que a vida lá, embaixo, é importante sim, mas fica grande demais na mente e fora de proporção, então coloque cada assunto em seu lugar. Lembre-se de seus princípios e verdadeiras prioridades. Tudo material é pequeno. A consciência é grande. A alma é infinita.

Mantenha a observação desapegada e límpida.

2º passo

Sinta a lucidez que isto traz ao seu modo de pensar. As emoções ficaram distantes. Os clamores das pessoas, as tensões e os pedidos incessantes, os julgamentos e as pequenezas também. Perceba a força da livre-consciência, para decidir, viver e agir corretamente. Sinta a amorosidade da natureza, e a sua, além do drama das pessoas e do ego.

Quando retornar da meditação, mantenha esta perspectiva para decidir com clareza, leveza e sabedoria, livre na consciência.

Aprendizado: *Retorno da meditação*

É essencial retornar corretamente da meditação. Sinta a atenção voltar lentamente para sua existência na matéria. Ainda sem se mover, foque na respiração, sentindo o corpo através do ato de respirar. A mente tentará engrenar novamente os múltiplos pensamentos, como se só estivesse esperando a meditação terminar — não deixe. Mantenha-a calada, sentindo o silêncio interno e as energias. Quando abrir os seus olhos, logo em seguida os feche; faça um último mergulho no mundo interno. Permaneça na sua presença por um momento. Mova com cuidado o corpo e então abra os olhos de uma vez, de volta à vida externa.

a descida da montanha

A liberdade é essencial ao meditar. Ela é a sensação de que a consciência é vasta, e a atenção é livre. O meditador ama esta sensação.

Há pessoas que jamais, na vida toda, sentirão tal liberdade na consciência. Vão de pensamento em pensamento, encadeados uns nos outros, alguns mais pegajosos e aprisionantes, difíceis de serem deixados. O silêncio e o vazio são bem-vindos para o meditador — eles afirmam a liberdade, a capacidade de colocar sua atenção naquilo que quiser, e portanto escolher a ressonância que vibrará em si, e na vida.

O nosso monge se lembrou da alegria de seu sorriso, pouco antes, quando havia aceitado a ignorância que tinha em si como a página em branco, palco da epifania da descoberta que chegava. Aquilo, também, era a energia seguindo a atenção: um pensamento de compaixão e aceitação havia desabrochado nele, e ao focar naquele pensamento bom, ele sorrira, pleno de boas energias. Entendia, finalmente. Sorriu de novo.

Ainda estava frio, até mais. O sol começava a tornar o vale e as montanhas distantes rosados e alaranjados, as cores do anoitecer se aproximando lentas.

A energia segue a atenção. Se eu colocar a minha atenção na noite que chega, na temperatura que cai, no perigo de retornar, à noite, ao monastério, eu terei medo, o monge pensou, encantado ao usar a técnica nova. Decidiu olhar as cores do pôr do sol, leve e ecoando a gratidão.

Sentiu-se abençoado, acolhido, andando na trilha da iluminação. Feliz.

Conseguiu ter compaixão ainda maior pela mãe do que antes já tinha, e agora a respeitava e entendia, com mais serenidade e sem julgar. Uma lágrima escorreu de seus olhos, passageira.

Anoiteceu.

Guardou o bilhete, com as palavras já decoradas e entendidas, na bolsa antiga e puída. Respirou a plenos pulmões aquele ar puro, que tocava a gélida neve da montanha. Agradeceu aos mestres ancestrais sem nome, com as mãos unidas junto ao coração. Partiu.

O caminho estava escuro. As estrelas eram inspiradoras, muitas, brilhando no céu sem lua, aparecendo silenciosas e discretas, aumentando em luminosidade com a partida do sol. Não poderiam iluminar a trilha, cheia de pedras escorregadias, de poeira e perigo.

O monge a conhecia bem: sabia caminhar por ela, como já havia feito tantas vezes. Era a trilha abençoada, diziam, porque todos os sábios, por gerações, haviam caminhado ali com suas sandálias simples em busca da paz e da solidão iluminadora. Foi andando devagar, cauteloso.

Devagar.

Por muito tempo conseguiu descer a trilha com atenção plena, concentrada e serena. Quando a mente tentava trazer a ansiedade por causa do escuro sem visibilidade, ele respirava, profunda e intencionalmente, enchendo seus pulmões e exalando sem pressa. Ia com calma, determinado.

A energia segue a atenção: ele deliberadamente colocava seu foco na descoberta do dia, que o deixava alegre, e nas cores do pôr do sol e na mãe amada.

Mas como se ali fosse inescapável o destino, como se a lição estivesse escrita nas pedras e ele precisasse tocá-las para aprender, o monge tropeçou. Colocou seu pé em uma pedra solta, grande, que escorregou ladeira abaixo junto com ele, rolando. Era noite, e ele caía na escuridão sem saber como se proteger, sem ver onde estariam as pedras e o perigo, sem saber para onde ia.

Girava.

Bateu em algo; com um impacto, tudo parou. A cabeça estava doendo. Perdeu a consciência? Não saberia dizer.

Voltou a entender os arredores, a visão parou de girar. Doía. Na sua perna algo escorria, úmido, quente. Era sangue. Não muito, pensou. Doía, mas nem tanto assim. Pegou na bolsa um pano velho, fez para si mesmo uma atadura.

Então percebeu que estava triste, assim que a excitação intensa da queda o deixou, a adrenalina baixando.

Ele estava agora preso em um pensamento pegajoso. Algo tinha dado errado. Não conseguia parar de pensar em como ele, o monge jovem e promissor, que havia tido uma grande descoberta, inacreditável, cheia de sabedoria... estava empoeirado e machucado pela queda. Ele estivera felicíssimo um pouco antes, mas agora se achava um bobo, duvidava de si.

O que havia feito de errado?

Ele havia mantido sua mente nos pensamentos de elevada vibração. Estava cheio de serenidade, de paz e uma luz inexplicáveis quando deixou o topo da montanha. Tinha colocado a atenção nisto... e como assim, havia caído e se machucado? Como assim, sua energia elevada não o tinha protegido da dor?

Em busca da resposta, ele começou a pensar no mestre, que estaria esperando no monastério. O sábio iria explicar, saberia responder. Levantou-se, gemeu um pouco e aproveitou a tênue luz da lua que começava a sair para seguir.

O mestre que o aguardava era admirado. Calado quase sempre, de sorriso fácil, o olhar de quem já entendeu – mas de quem agora quer que você entenda. Era amoroso e uma energia nítida emanava dele. O jovem aprendera: colocando sua atenção em um ponto dentro de si pleno de amor e compaixão, o mestre ressoava, da cabeça aos pés, pelos olhos que falavam, pela boca sem palavras, irradiando amor e serenidade. Ele emanava aquilo que ele era.

O monge foi caminhando, o terreno era um pouco mais plano. Chegaria logo ao monastério, a luz amarelada das lamparinas já visível à distância.

O mestre havia dito tantas vezes, a todos, que ele só existia para ajudar a encontrar o mestre interior em cada um. O caminhante começou a imaginar: o que o meu mestre interior diria? O que foi que causou a minha queda?

Enquanto caminhava, imaginou o velho monge o recebendo ao jantar; ele mancando na perna doída, o joelho rasgado. O mestre interior, haviam dito, começava a ser encontrado pela presença do mestre externo.

A voz do mestre interno é a intuição. Mas ela nada dizia.

Aos trancos, já calmo ainda que trôpego, o monge jovem se aproximava do monastério, ansioso para perguntar ao sábio de barbas brancas qual havia sido seu engano. Pensou naquele professor admirável, tão sereno e seguro. A atenção do mestre seguia a energia, claro. Será, cogitou o monge novo, que ele só pensa em coisas elevadas e puras, e é por isto que é tão gostoso estar com ele?

Ele começou a se lembrar de tudo o que o venerável líder dos monges tinha que fazer, seus deveres e tarefas. Não meditava o dia inteiro, claro que não. Havia dificuldades e problemas, ele era avisado de tudo: cada goteira do telhado, cada monge que saía escondido para a vila e era encontrado bêbado; cada tristeza e conflito interior de tantos discípulos, as dificuldades do vilarejo, as partidas e chegadas: ele cuidava de tudo. Havia tanto, tanto a se pensar. Como é que ele se mantinha sereno, coeso, forte, na luz?

O monge mestre tinha agilidade na mente.

Ele rapidamente conseguia olhar aquilo que precisava ser resolvido, e com destreza – porque não estava preso por convenções sociais, nem por julgamentos encarquilhados e antigos, nem pela ansiedade ou pela tristeza – ele se atirava plena e completamente a cada tarefa. Ele não ignorava os pensamentos pesados, nem os de medo, nem os de mais difícil solução. Mas, como pensamentos reverberam e ressoam – pois a energia segue a atenção –, ele os ponderava, analisava e deles se retirava.

Então parava de pensar, para retornar à liberdade da consciência.

Como um beija-flor — o jovem monge havia ouvido essa analogia — que vai até uma flor e se entrega a ela completamente. Foca a sua atenção, seu bico, sua presença inteira apenas na flor. Depois de alguns instantes, a alimentação completa, o beija-flor voa; é livre. Nenhuma flor o aprisiona, nada é dele, e ele a nada pertence. Voa. Assim como o beija-flor, um mestre de meditação aprofunda-se no pensamento, mas se a vibração daquilo não for positiva, ele se retira na hora certa. Se necessário, retornará várias vezes àquele assunto — mas sempre com pausas para lembrar da liberdade na consciência, para sair dos pensamentos pegajosos e lembrar-se de seu propósito, sua alma e seus valores internos. Com sabedoria, o mestre se foca e permanece momentos em pensamentos negativos, mas por muito mais tempo nos pensamentos elevados, ressoando a sua sutil vibração. Retira-se de qualquer prisão mental, sem nunca negligenciar nenhuma tarefa.

Um dia o aprendiz havia ouvido o mestre falar que até o medo era completamente importante, e muito útil. Não havia entendido, medo... não era ruim? Agora, entretanto, depois de sua dolorida queda, isto fazia sentido. O medo era um alerta, um aviso bem-recebido, que o teria protegido.

Se o medo era útil... Ah! Era esta a resposta!

Logo depois da extraordinária descoberta no alto da montanha, ele sentiu medo, não foi assim? Teve medo de voltar no escuro. Poderia ter improvisado ali um galho seco, uma bengala ou apoio, um bastão — assim voltaria seguro. Mas ignorou o pensamento, o aviso, por ele ser um medo. Esqueceu a vida prática. O medo havia sido útil, um aviso. Mas ele ficou apenas vibrando na agradabilíssima sensação de plenitude e luz. Não teve agilidade na mente, e assim a perdeu no mundo concreto. E caiu.

Riu-se. Agora o joelho doía, mas valera a pena. Aquele que é liberto na consciência não foge de nada — nem de seus pensamentos. Entende-os, acolhe-os e decide, pleno de sabedoria, em quais flores ele passará mais tempo, para que o perfume aumente e então isso se espalhe com a energia da atenção, e quais pensamentos ele visitará brevemente, com eficiência.

De baixa vibração e pela sua natureza pegajosa, o pensamento do medo pode prender a atenção por um longo tempo, ocupar o centro da consciência, e ao vibrar longamente, criar uma repercussão ruim. Sensações como medo e outras, como raiva e apego, vêm da nossa natureza animal, distantes da alma. São ótimas informações e impulsos — e devem ser vistos como alertas breves ou chamados que devemos resolver rápido, para seguir adiante.

Na verdade, nem mesmo os pensamentos mais elevados são a essência do meditador. Ele é a consciência em si, a liberdade acima até mesmo de suas percepções mais sutis. A sua luz interna pode alimentar tanto o mais belo quanto as energias e pensamentos de baixa vibração. O meditador escolhe.

Muitos anos mais tarde, já sábio, o monge nem mais sentiria o joelho machucado, mas ainda se lembraria claramente deste dia. Iria um dia descobrir que o meditador pode colocar a sua atenção em duas coisas ao mesmo tempo, alternando o foco, flutuante, vendo o desafio e a beleza ao mesmo tempo, a tragédia e a compaixão, a tristeza e a esperança, entendendo uma ideia concreta, mas ressoando em outra, mais elevada, para assim se proteger de energias baixas. Aprenderia.

Chegou finalmente ao portão de madeira antiga do monastério. O mestre interior havia respondido às suas dúvidas. Não tinha perguntas para o mestre externo. Jantaria calado, junto com os monges.

Ele sentiu o silêncio descer sobre sua alma, a ressonância da paz encontrada, quando nada mais há para dizer.

a fluidez da energia libertada

A energia segue a atenção, em um fluxo. Na prática, em alguns textos antigos e sagrados a atenção é a própria energia — uma metonímia, aquela figura de linguagem em que uma coisa usa o nome da outra, por serem tão associadas.

Aquilo que ecoamos, fazemos vibrar. E isto nos contamina.

O meditador decide aquilo que irá querer emanar — ao meditar na sua coragem, ele ecoa esta energia na sua aura, na mente, e assim a coragem vibra e o cerca. Ao meditar na paz, ele se torna a paz.

O meditador é a luz que, ao passar por um filtro, vira qualquer cor.

Isso, é claro, não significa que devemos apenas pensar no positivo. Observar com sinceridade aquilo que em nós é triste, que dá amargura e sofrimento, é ser maduro. Resolver os nós de um passado incômodo é essencial – mas de qual perspectiva? A solução nunca está no mesmo nível do problema. O nó foi um dia criado porque uma solução não existia.

É necessário analisar o conhecido através do novo, de um andar superior, do prisma desconhecido.

Wittgenstein, filósofo alemão, falava isto: um problema se dissolve quando o vemos por uma nova perspectiva, na qual ele perde a importância. "Problemas são resolvidos não pela chegada de novas informações, mas pela reestruturação daquilo que sempre soubemos."

Esta é uma descoberta de cada meditador na jornada: a vida é vasta, o universo interior da mente é amplo; mas a interação interna é imperfeita. O que temos dentro de nós é lindíssimo em parte, mas convive com o que não é, também dentro. Não adianta iluminar apenas um pedaço de nós mesmos, o que geraria hipocrisias sem fim. De posse da luz, da clareza que nasce em nós ao decididamente olharmos para dentro, precisamos revisitar, com calma, aquilo que é antigo e ferido: o confuso, o mal-resolvido, o arcaico e desatualizado. A luz não é automática, precisa ser levada e distribuída em cada canto e recôndito em nós. Como em uma casa onde há água na torneira, abundante e cristalina: ela tem que ser levada para regar cada planta, ou o verde irá secar.

O jardineiro de si habita entre as flores. Desta forma ele se transforma: sendo, na manifestação, a simplicidade que já é na essência. Isto cria a aura, a energia que envia ao mundo, que o cerca e protege, atraindo o bem.

Assim, através da vibração, o meditador constrói o futuro.

meditação 8: a reverberação

10 minutos

Aprendizado: *Relaxar mais*

É sempre possível relaxar mais. Periodicamente durante a meditação podemos nos lembrar do corpo e o distensionar, um pouco que seja, além do que havíamos conseguido antes.

Esse relaxamento não é abandonar-se, não é languidez nem frouxidão. Os músculos adequados para a meditação continuam trabalhando para deixar o corpo ereto, mas somente eles. Na simplicidade, apenas o essencial fica.

O ato de dar um suspiro tem úteis efeitos. A inspiração profunda, que mexe com o corpo, seguida de uma expiração rápida — o suspiro — rompe qualquer padrão estabelecido na energia e na aura ao nosso redor. É por isto que, na vida cotidiana, quando estamos oprimidos ou sentimos algo energeticamente estagnado em nós, vem a necessidade de suspirar. Essa estratégia não deve ser usada repetidas vezes na mesma meditação, porque iria desfazer a aura que está sendo sutilmente construída; mas nos serve no início, quando queremos abandonar energias pesadas que não são nossas.

Início

Como em toda e qualquer meditação, no início, use a técnica explicada na meditação 6 deste livro: consciência corporal, respiração e presença no agora.

1º passo

Entre no seu interior. Perceba o silêncio entre cada pensamento. Aprofunde-se em si mesmo, como um mergulhador que adentra o fundo do mar. Mais para dentro, mais profundo, mais profundo... sucessivamente. Não lute com nenhum pensamento; deixe-os lá, no nível em que aparecerem, e mergulhe mais fundo onde eles não alcançam. Repita muitas vezes. Mergulhe, e mergulhe.

Quando a mente estiver calma — e não necessariamente vazia —, busque nas suas memórias uma ocasião em que você se sentiu pleno e confiante, feliz sem ansiedade. Lembre-se cuidadosamente de tudo naquele instante. Minuciosamente, veja as cores, os tecidos, os rostos, as falas. Lembre-se em detalhes.

Perceba a energia que aquela ocasião criou em você. Como ela é?

Então, lentamente, vá deixando de lado a memória e os fatos e permaneça apenas na energia que ela trouxe. Sinta-se como se sentia naquele instante — mas agora com a energia pura, deixando para lá a causa. Esqueça da forma, fixe-se na essência.

A memória volta para o arquivo da mente e a energia dela está em você.

2º passo

A energia é percebida em detalhes. Sinta-a, observando o efeito que ela tem em você, no corpo, nas emoções, na mente. Talvez um leve sorriso se abra em seus lábios.

Então a expanda, conscientemente. Colocando o foco da atenção totalmente nela e em seus efeitos, sem distração, você a alimenta e ela cresce. A energia se torna mais intensa. Ela reverbera, como ondas.

Em você, a intensidade dela se torna ainda maior do que era na memória, na qual você a buscou.

Alimente-a, expanda-a e deixe-a ressoar — tomando a sua mente, as suas ideias. Ela vibra em todo o seu ser.

Apenas permaneça nela, observando a energia e seus efeitos, e sua respiração — como um sino que toca e ainda se ouve por um longo tempo.

Com a força desse instante, outros pensamentos não conseguem entrar.

3º passo

Para finalizar a meditação, traga à sua mente algo para o qual você quer direcionar esta energia. Uma pessoa, uma situação; um aspecto seu, uma parte da sua vida. Com determinação, envie a energia do centro do peito até o foco escolhido. Ela irá fluir como uma luz e uma vibração; pouco importa se você a enxerga ou não. Essa energia irá causar mudanças.

Retorne lentamente desta meditação, como de todas. Respire para sentir novamente os pulmões, entrando em contato com eles, e volte ao corpo devagar, mexendo os dedos dos pés e das mãos. Não permita que a mente concreta domine a atenção, mantenha a paz. Abra seus olhos brevemente — e então os feche mais uma vez. Respire profundamente de novo, e de novo... assim termina a sua meditação.

2.

A meditação

QUARTA DESCOBERTA: A BUSCA IMPERFEITA DO SILÊNCIO

O silêncio: busca incessante dos meditadores.

Mas o silêncio não é o fim. Meditar não é manter a mente vazia! Ficou surpreso? Não, não é apenas isto.

O silêncio interno é o cessar de um milhão de pensamentos, hipóteses e memórias, para estar na presença de si mesmo. Meditar é silenciar a mente, controlando o fluxo dos pensamentos — e aí encontrar a realidade vívida do mundo interior.

A partir do encontro com o silêncio se inicia uma nova etapa da meditação. Uma vez silenciado, o meditador, devagar, busca ser quem é. Porque a poluição dos pensamentos incessantes é parte de nós, mas não é a nossa essência. Seus pensamentos, suas opiniões, ideias e teorias são mutáveis. Sua consciência? É permanente.

Claro, os pensamentos têm a ver conosco, com nossa identidade. Para o meditador, pensamentos falam algo sobre nós — mas não nos definem.

Imagine uma árvore. Os frutos são importantíssimos, as flores e as folhas. Isso são os pensamentos. Mas a árvore? Ela é aquilo e mais. Ela é seiva e raízes, células, galhos, genética e evolução milenar. Nós, humanos, nos relacionaremos com a árvore através daquilo que ela tem a oferecer, a sua manifestação externa: sombra, flores e frutos. Mas a estrutura que define realmente se a árvore será saudável ou não, se irá crescer ampla e alta, se irá encantar gentes e durar gerações — isto inclui a árvore toda e mais sua essência invisível, muito além do que ela expressa e produz. A essência permanece discreta, mas a manifestação é evidente. Da seiva e da raiz, íntimas e internas, virá a fruta.

Ser você mesmo — por inteiro — é um desafio recompensador; ele traz significado e alívio.

Como os sons que saem de um instrumento, os pensamentos podem nos ajudar a identificar como está a nossa essência — ou se estamos longe dela.

Quem busca o silêncio percebe a vida. Existe, não apenas faz.

E como é esta busca?

O meditador aprendeu que a energia segue a atenção. Quando um principiante se senta para meditar — calado das palavras faladas, mas ainda não no silêncio dos pensamentos — a mente dele, cheia, transborda. Vêm ideias, vêm teorias. Hipóteses. Tragédias que não acontecerão, preocupações. Planos. Fantasias, sonhos. Plano de compras. Falas reprimidas, discussões fictícias... até que, irritados, mentalmente gritamos:

"Saia. Saia! Chega. Estou meditando." Tentamos expulsar os pensamentos.

Tudo aquilo em que colocamos a atenção recebe energia; e então reverbera, fazendo a energia crescer e ecoar em nós. Um pensamento que recebe a atenção se fortalece, e assim fica difícil de ser retirado. Ao ser incomodado pelo pensamento, você o mantém ali, sem querer. Quando interage, mesmo que você não goste dele, o alimenta com sua energia. Você dá permanência àquilo que não quer — pela sua oposição.

O pensamento pegajoso é como uma criança birrenta, que quer atenção amorosa e acalento — mas, na falta, atenção brava e irritada também irá saciá-lo.

Os mestres sugerem que não briguemos com os pensamentos; a energia da briga é antagônica à harmonia de meditar. Simplesmente podemos deixar os pensamentos passarem, sem os alimentarmos da energia vinda da atenção. Mentalmente subimos um prédio de muitos andares e os deixamos ali embaixo; mergulhamos no profundo da consciência onde não nos alcançam. É como se estivéssemos sentados em um parque, onde aceitamos os muitos sons de pássaros e crianças e barulhos, sem focar neles.

Parece difícil?

É, sim, novidade para a mente essa tal prática de não viajar dentro de pensamentos, que vêm ligados como elos de corrente, sucessivos e incontáveis. Nós nos acostumamos a embarcar neles assim que chegam.

Mas não é difícil meditar: assim como não é difícil cozinhar para aqueles que aprenderam a alquimia deliciosa da comida, nem é difícil dançar para quem deixa corpo e mente se entrosarem na música. A prática nos leva a isso.

Prepare-se, com leveza! Você será um meditador. Dominar a arte de a alma dançar com a mente, para alimentar a vida.

além das palavras

O silêncio: o que é? Como o alcançar? Para que serve?

O silêncio é essencial.

Muitas pessoas têm medo do vão entre os pensamentos. Há gente que tem opiniões sem fim — e elas tentarão contar todas para nós, uma por uma. Ao mergulharem brevemente no silêncio e não terem opinião alguma elas se sentem fracas, destituídas, desprotegidas. Gente assim é a própria mente, ou acha ser.

Isso é normal, mas é também triste. A mente emaranhada é um estado propício a medos e turbilhões, onde tudo gira o tempo todo. Não há nela a solidez da pausa silenciosa, a sensação de sentir uma verdade sem nome, de ser e existir. Há apenas interpretações e definições, todas questionáveis. O sábio ama a mente aberta ao novo, ama a paz. Do outro lado, o dono de muitas opiniões as brada altas, veementes e intensas, convencendo a si mesmo, com medo de seu silêncio, com medo de desfazer-se à medida que seus argumentos são desfeitos.

É no silêncio interno que a presença se manifesta, a verdade da gente.

Você não é uma ideia, nem mil, nem um complexo de fios mentais emaranhados. Você é a consciência. Ela se evidencia no silêncio, quando é encontrada finalmente. É a nudez de si.

Por um minuto, um segundo ou um instante, você já experimentou sim o seu silêncio interno, a ausência de objetos mentais na sua atenção — no centro da consciência. Isso não é estar distraído, que seria a atenção desfocada. É diferente: a atenção é plena, mas é livre.

Esse silêncio é eloquente. Ele fala sem palavras. Coloca em perspectiva quem você é: porque ele existe próximo da sua verdade, e assim também dos seus valores, do que realmente importa. Nas ideias do dia a dia e no atrito cotidiano, fica fácil esquecer o que é realmente importante e nos focarmos naquilo que é apenas urgente e que grita.

Meditando, em paz, esses pensamentos — urgentes — se calam no silêncio, e outros, mais próximos da nossa essência — importantes — vêm à tona.

Depois de alguns instantes de silêncio interno, é mais fácil ter as sensações de amor, de gratidão. Lembrar-se do propósito. Lembrar qual era, afinal, o motivo de você trabalhar, de se dedicar e esforçar tanto. Qual era mesmo? Quem eu amo? A quem eu quero agradar, e como? Quem sou eu? Onde irei?

E assim, como mágica, aquilo que era externo perderá força, porque *a energia segue a atenção*. Quando a atenção está intensa e livre, a energia em você se torna plena:

E você apenas é.

Atingir este estado é fácil, na verdade. Muito mais trabalhoso será mantê-lo por mais do que alguns instantes. Um dia, com prática, ele se tornará longo; as pausas entre pensamentos serão de minutos sem fim, sem perceber o tempo.

Nossa busca pelo silêncio é imperfeita, sempre será.

Porque o estado natural da *mente* é pensar, diferente da consciência, que é você, além dos pensamentos. A mente é a sua máquina de pensar.

Mesmo o meditador mais experiente não entra em um silêncio instantâneo. Ele utiliza técnicas para gradualmente silenciar. Uma bússola que indica este caminho sutil rumo ao silêncio interno é a sensação de alívio e liberdade quando os pensamentos se aquietam; isso nos indica se estamos no caminho certo durante a meditação. É uma alegria leve: nela, a mente para, a consciência expande-se. Quanto mais próximos estamos do silêncio, mais nos sentimos assim.

Desde sempre, por longos milênios, enquanto a humanidade faz guerras e perde-se em suas contradições, mestres dos Himalaias meditam na busca do silêncio usando seus segredos e técnicas. Uma delas, simples, é chamada de *neti, neti.* "Isto não, isto não."

A cada pensamento que vem, murmuram apenas com a voz da mente: isto não. O pensamento vai embora; mas, obedecendo à natureza da mente, o pensamento seguinte logo vem. Isto não, diz o meditador mais uma vez. Isto não.

Os mestres sabem que o silêncio é aquilo que buscam; a mente viciada traz aquilo de que eles não precisam. Isto não, sussurram sem falar nada; isto não. E a cada pensamento insistem, sem alimentá-los com ansiedade nem impaciência.

Isto não. Isto é um pensamento, eu não o desejo. Eu não sou isto, eu não vibrarei isto.

Insistem. Gradativamente, como ondas da praia que vão perdendo força com a maré baixa, os pensamentos vão cessando. "Isto não", repete o meditador.

O intervalo sem pensamentos fica maior. Entre eles, há o silêncio — e a liberdade da leveza pura.

o vazio pleno de si

Além de conhecer o silêncio, entender o vazio é fundamental para a meditação. Ele não é uma ausência; é uma escada para subirmos a um patamar mais elevado.

Ao encontrar uma parte dentro de nós vazia de egoísmo, nasce a compaixão. Do vazio de medos, vem a coragem. Do vazio de hesitações, nasce a convicção. Do vazio do apego, vem a liberdade.

O vazio nos leva a algo novo, mais sutil. Como se houvesse mil músicas tocando, cacofônicas, sobrepostas. E a cada uma delas que desligamos, a mais alta, é criado um vazio sonoro... que lentamente nos permite perceber outra música, mais suave e refinada, na longa caminhada rumo ao silêncio, com beleza e sutileza sempre crescentes.

Quando o meditador inicia a meditação, ele desliga-se dos cinco sentidos. Seus olhos se fecham. Nossos ouvidos podem até escutar, mas não lhes damos atenção. O tato é esquecido, o olfato não importa. O paladar nem se manifesta. O vazio dos sentidos nos abre para a navegação nova, a jornada em si.

O vazio das mágoas e dos ressentimentos, esse vazio de preocupações e de pensamentos repetitivos, nos leva à serenidade do entendimento.

O vazio das hipóteses incessantes nos leva à paz.

O meditador ama o vazio. Para ele, o *nada* é o potencial infinito, não a falta. É a eletricidade antes de ela virar luz, a criatividade antes de virar obra. O vazio é uma libertação do antigo; o nada é a energia criativa, que ainda é nada porque poderá ser aquilo que quisermos que seja.

Tudo isso existe em nós. Amarrados em pensamentos e enrijecidos em responsabilidades, normas e prisões, tememos a nós mesmos, e nos assustamos ao meditar. Sem o conhecido, o que será o desconhecido?

Será aquilo que você, liberto, quiser.

meditação 9: a inteireza de você

10 minutos

Aprendizado: *Acolher e ordenar*

A mente tem vários componentes e partes, e nem tudo nela é acessível.

O subconsciente se faz perceber quase que apenas através de seus efeitos; o superconsciente fala através da intuição.

O consciente é o que mais conhecemos. As nossas decisões conscientes determinam o rumo da vida, mas elas são cumpridas, conduzidas e orquestradas no dia a dia pelas outras partes, que às vezes se confundem. O subconsciente é obediente e simplório em todos nós. Se demos uma ordem errada a ele, se algo o confundiu, o que ele trará será confuso.

A mente consciente tem a voz de comando. Ela dá ordens ao subconsciente que são sempre ouvidas. Mas, para que sejam obedecidas, precisam ser fortes e decididas.

Início

Consciência corporal, respiração e presença no agora. Toda meditação assim se inicia. Veja a técnica na meditação 6 deste livro.

1º passo

Por alguns momentos, apenas sinta a sua presença nítida e clara, com a respiração profunda. Veja a diferença entre você, que observa a mente, e os pensamentos que vêm. Você é uma consciência, um ser: eles são objetos na mente, que o convidam a pensar e mergulhar neles.

Observe os pensamentos passarem, por alguns instantes.

O subconsciente trará assuntos para você resolver. Receba-os com respeito: o subconsciente está a seu favor e precisa de instruções. Abra o primeiro assunto.

Não se aprofunde, nem cogite longamente. Busque a solução que leva ao primeiro estado de completude. "Isto não importa", você poderá ensinar ao subconsciente. Ou: "Me lembre disto amanhã". Ou: "Telefonarei para meu irmão nesta tarde". Ou: "Aceito o medo e irei refletir sobre ele quando estiver pronto". Ou: "Este assunto não é relevante para a pessoa que eu decido ser daqui para a frente". Ou: "Eu decido não vibrar esta energia".

O comando dado com firmeza orienta e guia a parte subconsciente da mente. Ela fechará os pensamentos, para os trazer depois.

Dê uma ordem para cada pensamento — um por vez.

A ansiedade vai-se embora, devagar.

Para cada ordem, não há necessidade de finalização daquele assunto — apenas de um estado parcial de completude, como um livro ao final de um capítulo, como uma série pausada entre episódios. Apenas dê ao subconsciente o que ele precisa para organizar a mente profunda.

2º passo

Depois de fechar os pensamentos mais urgentes, que inquietavam a sua mente subconsciente, dê a ordem para que ela o deixe na presença de si.

O tempo entre pensamentos se alonga. Entre eles há o silêncio.

Seja você, sinta a sua paz.

Retorne lentamente da meditação, centrado e mais calmo. Respire deliberada e profundamente, e lembre-se de observar a sua respiração ao longo do dia.

Cumpra fielmente, depois de meditar, aquilo que foi combinado com o seu subconsciente — para não o tornar resistente às ordens futuras da mente consciente.

a intuição desperta

A voz do silêncio é a intuição.

Ela é citada frequentemente, e muito buscada. Mas o que é a intuição?

Existe muito mais do que apenas aquilo que enxergamos, do que é visível e óbvio. Há muitíssimo mais: camadas de energia, sutilezas nas relações, padrões repetidos, energias se movendo, iniciativas antigas que ecoam. Há muito acontecendo, sempre.

A intuição sabe do invisível e percebe isso: ela nos conta a resposta quando ainda nem entendemos a pergunta.

Quando ela é concreta, clara e lógica, a intuição é resultado de nosso subconsciente trabalhando no fundo da mente, atrás dos pensamentos. Esse tipo de intuição é capaz de perceber interações sociais que não são óbvias, ritmos e padrões matemáticos que não havíamos percebido, e detalhes que nos escaparam. Essa intuição concreta investiga o caos e o elucida na ordem. Sabe quando esquecemos algo em casa sem percebermos, e a intuição diz que falta alguma coisa, e então algo nos incomoda até descobrirmos o que era? Ou quando percebemos que a

do vazio de egoísmo, nasce
a compaixão. do vazio de medos,
vem a coragem. do vazio de hesitações
nasce a convicção. do vazio do apego
vem a liberdade. do vazio das
hipóteses incessantes
vem a paz.

o meditador ama
o vazio. para ele,
o nada é o potencial
infinito, não
a falta.

voz de uma pessoa querida estava estranha e infeliz? Isso é o inconsciente trabalhando, a análise do sutil. Esta intuição é utilíssima: nos ajuda a navegar pela vida cotidiana, mesmo quando estamos distraídos, cansados, com tanto a fazer.

Mas há uma intuição maior e mais elevada.

A intuição concreta nasce do subconsciente. A intuição elevada nasce da alma, daquilo que há de mais real em você... daquilo que é você.

Assim como a intuição concreta é capaz de enxergar aquilo que você viu-mas-não-enxerga, como uma chave esquecida em cima da mesa, a intuição da alma é capaz de notar aquilo que você nunca viu. Ela existe em dimensões e camadas de energia além daquilo que vivemos, além da mente consciente.

A consciência é pura em sua natureza; entretanto, ela fica frequentemente ocupada pela mente e suas complexidades. Não se suja, mas se torna repleta de pensamentos complexos. A alma, por ser a origem da consciência, é uma fonte cristalina que a mente mal alcança; ali reina a intuição.

A alma existe além do tempo, alheia às limitações da matéria. É assim que recebemos intuições sobre o futuro, ou avisos sobre pessoas distantes — e até mesmo ensinamentos e descobertas do nosso propósito. A alma lembra do que você veio fazer aqui, na vida.

A alma é educada: ela fala baixinho.

É por isso que ela é amiga do silêncio. Quando a mente é belicosa, exagerada e resmungona, sempre ocupada, mesmo assim a intuição irá falar — mas não será ouvida. Os outros sons mentais, mais brutos e intensos, irão encobrir a voz do silêncio, que é a intuição. Isso acontecerá com qualquer modalidade dela, seja ela vinda do inconsciente ou da parte mais elevada de você.

O maior desafio para a intuição aparecer não é aquilo que você pensa normalmente, as tarefas necessárias do seu dia e seus pensamentos mais úteis. Ela até conseguiria, ali, encontrar frestas, como a luz fulgurante do sol que entra pelas brechas de uma janela. O problema não é estar ocupado na vida. A intuição fica inacessível quando é soterrada por pensamentos repetitivos e inúteis; pela teimosia que afasta a observação; pelo medo de ideias novas e ousadas; e pelas emoções intensas que achamos serem nossa instável identidade.

Mas ela não desiste. Na verdade, a intuição fala o tempo todo.

Entretanto, sem o silêncio, some dentro do turbilhão da gente. Ela é preciosa, nossa aliada no momento da meditação ou na caminhada da vida. Mas como acessá-la?

A intuição precisa ser treinada, repetidas vezes. Quanto mais você der ouvidos à sua intuição, mais ela irá se manifestar.

É claro que isso não significa obediência cega. Você tem sua mente, um intelecto, partes úteis e importantes da sua ferramenta de decidir. Principalmente no início, apenas ouvimos a intuição. Fazemos um esforço, alinhamos a intenção, e quando o silêncio vem — a ouvimos. Mesmo que ela diga algo diferente do esperado.

Se as consequências forem importantes, é melhor seguir a razão — até adquirir a certeza sobre qual voz interna é a intuição mesmo, para diferenciá-la do que vem de outras partes de nós, das emoções, das indagações. Às vezes, uma hesitação pode parecer uma intuição dizendo não... quando era apenas o medo. Uma suposta intuição favorável pode ser apenas uma euforia. Como quem treina os músculos, você precisa aprender a usar esta sua afiada habilidade.

No início, pode colocar a sugestão dela na prateleira com carinho, para ver se o que ela trouxe é valioso mesmo. Sem nunca esquecê-la, nem ignorar.

Intuir é fundamental para o monge recluso no monastério — e também é para você, monge na consciência, monge na vida cotidiana, um pouco monge na vida.

o relâmpago e o trovão

Confirmar a intuição é indispensável. Para isto, os monges usam a técnica do raio e do trovão.

A verdadeira intuição lembra um raio, um relâmpago intenso, feita de luz surpreendente e breve. Apenas isso, e nada mais.

Poucos instantes depois, vem o trovão: o barulho ensurdecedor causado pelas emoções da reação, pelas hipóteses que se ramificam, a expectativa, a alegria ou o medo. A mente corre pensando e pensando, as ondas da emoção batem como vagalhões, e tudo ecoa.

A clara diferenciação entre os dois confirma que o que veio existe além da mente. Primeiro, límpida, a intuição chega: pura, trazendo a inovação, a chave para resolver um problema na vida, a resposta de uma pergunta nossa, a criatividade clara. E logo depois: a mente reage, incomodada, dúbia, hesitante ou extasiada, reverberando aquilo que não entende.

A intuição não traz com ela a emoção, nunca. É cristalina. Momentos depois, sim, a reação virá. Esta é a chave: o tempo entre a luz e a reação confirma a intuição. Os momentos se sucedem, com um breve intervalo. Se vierem juntas ideia e emoção, não será a intuição.

Veja: se a emoção reverbera ao mesmo tempo em que uma ideia chega, essa ideia pode até estar correta, mas não é uma intuição. É uma formulação mental. A mente concreta é mais lenta e criará as ideias devagar, um pedaço por vez, tijolo sobre cada tijolo; válidas e úteis, mas de uma vibração diferente.

A intuição vem pronta; ela traz a informação completa e resumida, simples, sem adornos.

Ela é uma comunicação entre a alma e você.

Por vir daquilo que existe de mais sublime em nós, a intuição elevada serve também como um canal para trazer à vida cotidiana a parte melhor daquilo que somos. Traz generosidade, leveza, coragem, gratidão e outros atributos da nossa natureza superior. Isso nos ajuda a lembrar que, mesmo que a atenção esteja focada temporariamente em um local pesado ou concreto da consciência, nós somos muito mais do que isto. A intuição vinda da alma é um raio de sol, nos lembrando que há algo maior acima das nuvens, mesmo em dias de chuva ou por entre pensamentos nublados.

Os monges falam também de mais um sinal que comprova que alguma ideia é, realmente, uma intuição: ela beneficia a consciência de todos os envolvidos — embora nem sempre todos os egos. Ela traz o nosso melhor, e faz bem a todos. A intuição ilumina. É essencial ouvir o que ela tem para contar.

Outro sinal de que uma intuição é real vem da diferença entre a criatividade e o esforço.

A habilidade cria várias versões de algo conhecido, bem-acabadas e belas. Mas às vezes algo se revela genial, além das expectativas; uma novidade que não é derivada dos padrões conhecidos. A intuição elevada abre as portas do inédito: na arte, nas ideias, na sua vida. Filha do silêncio, a intuição traz a transcendência de se ir além daquilo que é simplesmente engenhoso, ou de meras reorganizações do antigo. A criatividade nasce.

O silêncio é indispensável para o novo chegar. A mente concreta sempre lida com o que existe e com suas infinitas permutações, e assim a sua criatividade não é exatamente inovadora, apenas resulta da interação e reutilização de conceitos que já existiam. Ao estar próximo do silêncio — ele não será absoluto, nem é necessário que seja — você toca a intuição. O silêncio cria o vazio das mil possibilidades. A intuição o preenche com o que não era daqui.

Desta forma, simples, o meditador se torna mais confiante, mais leve, numa eloquência sem palavras e com brilho em seu olhar.

E, aos poucos, exatamente por se tornar algo inédito e ser representante do novo, ele se torna incompreendido por muita gente, mas se sentindo livre, leve, feliz! E frequentemente solitário. É um paradoxo comum no início da caminhada.

O caminhante já abandonou muito do que havia de carcomido, antigo e mofado em si mesmo.

Mas como construir uma vida que reflita, plena e inteira, a nova consciência?

O próprio caminho a ser trilhado irá mostrar.

meditação 10: o descarte das amarras

10 minutos

Aprendizado: *A natureza da liberdade*

A liberdade é o estado verdadeiro e natural da consciência. Quando pensamentos e percepções nos limitam, nossa liberdade gradualmente se vai, sem que percebamos.

Mesmo uma pessoa sem mobilidade no mundo físico pode ter liberdade em si mesma. Por outro lado, uma pessoa que se movimente como quiser pode estar aprisionada em seus medos, agruras, anseios, pesadelos ou expectativas.

Aquilo que nos prende está sempre ligado a uma parte da nossa personalidade. Ao revisar, mudar e repensar quem somos, podemos nos livrar das amarras.

Início

Consciência corporal, respiração e presença no agora. Toda meditação assim se inicia. Veja a técnica na meditação 6 deste livro.

1º passo

Sinta o silêncio.

Lentamente, vá observando cada papel que você exerce na vida e que o aprisiona. Os pensamentos mais incômodos estão, como todos, ligados a aspectos da personalidade e construções do ego. Cada problema só existe ligado a algo na sua identidade, um apego, uma decisão antiga e nem sempre sua.

Você é a alma, a consciência que ela cria, e a energia que de você emana. Todo o resto são imaginárias e temporárias construções da mente.

Encontre as amarras. Decida libertar-se daquele papel — seja funcionário, namorado, mãe, filho, pai, vítima ou algoz, o que for. Você na meditação é a pura energia, e só isto.

Liberte-se da identidade. Não seja seu RG, sua posição na sociedade, nem protetor daqueles que precisam de você, nem absolutamente nada na matéria.

Vá se dissolvendo. Com os olhos da mente, os dedos das suas mãos se transformam em luz... e suavemente cada parte do corpo se dissolve, até só sobrar a consciência. Seja esta luz.

Seja a consciência.

Sinta a liberdade, e nela permaneça.

2º passo

Quando estiver absolutamente confiante do estado livre da essência, gradualmente retorne.

As partes suas que fizerem ainda sentido devem ser retomadas, com os papéis a serem exercidos nesta vida.

Vista apenas aquilo que ainda serve. Crie, com a atenção, cada estrutura em si que é válida. Una apenas as energias mais elevadas em você, como um artesão: elas são, na meditação, cores brilhantes.

Os muitos aspectos de você que não faziam mais sentido — criados em anos remotos, ou impostos por situações e pessoas que tentavam moldar sua personalidade — são deixados de lado. Recuse-se a reintegrar o que é pesado, antigo, negativo; isso será visto na mente como energias escuras e de baixa vibração.

Sinta a energia de que você é feito; sinta a simplicidade. A luz da consciência brilhará mais intensa. Sendo mais a sua essência, receba a alegria leve de ter menos conexões e ligações, mantendo apenas aquilo que é coerente com a sua verdade neste instante.

Quando estiver em paz, retorne lentamente da meditação, com a respiração profunda, voltando devagar.

QUINTA DESCOBERTA: A MENTE OBEDIENTE

o monge que não conseguia meditar

A paz ali era indescritível.

Os sons, suaves, sussurravam nos ouvidos. Falavam das árvores altas na base do vale, de campos sendo arados, das brincadeiras do vento. A vista era magnífica. O monastério havia sido construído havia centenas de anos, talvez milhares. Não se sabia. A cada geração, os monges aumentavam o enclave incrustado na parede da montanha, que parecia concorrer com os ninhos das águias — como se, ao quererem voar na consciência, eles imitassem os pássaros.

O monge era jovem.

Sentia o vento; sentava-se perto da enorme janela para meditar olhando a vista. Ele se encolhia em suas vestes. Então os olhos do jovem monge se fechavam...

... e seu tormento começava.

Não conseguia controlar os pensamentos. Vinham, inúmeros: cansativos, repetidos. Nada se concluía, nada se resolvia. Para cada respiração que tentava, a mente parecia jogar nele dez preocupações. Cada técnica era derrotada por uma distração; a inquietude o dominava.

Achava que o corpo, incômodo, o atrapalhava. Não era assim; na verdade, incapaz de mergulhar na mente, ele sentia a matéria com acentuada evidência. Seu corpo se mexia, balançava, e longe de isso ser a causa de seus desafios de concentração, era apenas uma demonstração irrequieta das suas dificuldades; era a mente que não parava.

Meditava? Não. Queria, sim. Desejava meditar.

Queria tanto ter paz, como aquela belíssima paisagem que contemplava, como os monges de semblante sereno e sorriso discreto que ali viviam. O desejo era intenso, e positivo. A realidade era de desânimo e desalento.

Os pensamentos vinham sem serem convidados. Como qualquer pensamento de baixa vibração, tingido pelas emoções de temores e apegos, eles eram pegajosos e não iam embora. Usava a técnica de simplesmente vê-los passar, como havia aprendido, os deixar para lá. Inevitáveis e intrusos, mergulhavam no centro da atenção, no foco da mente, onde recebiam ainda mais impulso. Quando os combatemos, eles se tornam mais fortes e absorvem energia. Seus pensamentos se alimentavam e o dominavam.

Ele não sabia, mas o aguardava um futuro interessantíssimo.

terceiro segredo: o círculo e o ponto

A mente humana oscila naturalmente.

Para meditadores iniciantes, parece trabalhoso controlá-la.

A natureza da mente, mesmo focada, é balançar como uma bandeira ao vento. Com isso, a energia flui pouca e incerta, errática, criando distração, pensamentos inacabados e ansiedade. A mente é viciada em pensar indiscriminadamente, com pensamentos encadeados, um após o outro.

Para os meditadores experientes ela também dá trabalho — mas eles conhecem a técnica do ponto e do círculo.

Apenas grandes mestres conseguem manter a atenção e o foco fixados, por um longo tempo, em um ponto. Isso é poderosíssimo e tem grande efeito na meditação.

Quase tão bom é olhar o círculo. O ponto de atenção da meditação é decidido por você, seja qual for o objeto: uma sensação, a respiração, uma palavra especial, um estado mental, uma energia. Seu foco deveria ficar apenas nele. Mas a mente precisa se mexer, porque ela é assim.

Amplie o ponto, que se torna um círculo. Em cada etapa da meditação, medite em tudo o que estiver relacionado ao tema central, sem se afastar.

Se eu meditar sobre o mar — meu ponto — posso ficar neste círculo: água, ondas, azul, brisa, sol, relaxamento, vastidão...

Se eu meditar na luz dentro de mim — meu ponto — fico neste outro círculo: luz brilhante, sensação da luz, efeitos dela, clareza mental, intensidade, luz que se espalha no corpo, energia da aura, respirar e iluminar...

Mas, de repente, um pensamento fura o círculo, nítido e evidente.

Mar, ondas, água, azul — férias e aluguel de casa na praia.

Luz, expansão, clareza — perna que coça, agenda que clama; lá se vai a atenção.

As mudanças leves do foco são bem-vindas e ajudam a tornar a meditação prazerosa. Quando ela se vai para longe demais, entretanto, acaba a concentração.

O segredo é este: aceite a mente oscilando, mas a acompanhe para determinar aonde ela vai; e a mantenha dentro do círculo.

os mecanismos da mente

O que estava, na verdade, atrapalhando nosso preocupado meditador era um problema das metafóricas engrenagens da cabeça.

A mente funciona como uma máquina. É útil e coerente, mas temos que saber operá-la, em suas alavancas e botões, detalhes e manhas. Preocupar-se é entrar em um pensamento repetitivo. É como um carro que entra em uma rotatória e gira, gira, para nunca dela sair; ou uma imagem em repetição infindável. Qual é o motivo disto?

A mente subconsciente — abaixo da nossa parte consciente — é mecânica, sem análise ou capacidade de decisão. Ela, entretanto, organiza, e muito bem, os pensamentos. É como o mais dedicado e fiel dos ajudantes, o melhor secretário... mas não é, assim, muito inteligente. Nem é para ser: sua tarefa é ser funcional.

Ela, a parte subconsciente da mente, leva ao foco da nossa atenção consciente — esse sim, capaz da decisão — cada assunto que requer nossa análise, interação e eventualmente uma atitude. Não está resolvido? O subconsciente diligente entrega ao seu mentor e líder, a mente consciente: tome! Resolva.

Com a nossa atenção consciente, recusamos. Agora não, dizemos.

Mas por falta de determinação e concentração, seja por ainda não sermos treinados na arte do controle da mente ou por qualquer outro motivo, não somos obedecidos. O pensamento fica; e de novo, e de novo. A parte subconsciente da mente pacientemente o traz de volta.

Ela faz isso porque percebeu que algo incomoda você. Há o que inquieta e assusta, ou emociona, ou de alguma maneira reverbera em cada caverna e profundeza do seu cérebro, e precisa ser equacionado. A mente subconsciente é o seu mordomo absolutamente fiel, que está a seu favor, sempre. Ele só não é esperto nem sábio; não tem conhecimento para *decidir* o que é, realmente, necessário e o melhor. Tenta como pode. Existe um pensamento, uma vibração, que comprovadamente atrapalha você, e assim ele o empurra para a parte líder para que seja resolvido, o levando ao consciente, à sua atenção. Para o seu próprio bem. Quantas vezes?

Mil vezes, um milhão, incansavelmente.

A causa disso é que a parte consciente percebe que não é hora de decidir nada. Faltam informações suficientes na maior parte dos casos; ou então ela acredita ser melhor esperar uma mudança, uma alteração na conjuntura, ou a chegada de uma coragem ainda em gestação no peito. Mas o subconsciente não percebe a falta, e nem poderia. Ele continua, insistente.

Cabe à mente consciente, onde existe a atenção, tomar uma decisão. Qualquer decisão. Uma solução parcial já é suficiente para o dedicado mordomo da mente.

A busca é encontrar estados de *completude*, e não importa se são etapas ou a solução final. Isto eu aprendi com um mestre: o incômodo alerta do inconsciente silencia quando a ordem consciente vem para completar o processo.

O pensamento repetitivo, que não pode ser decidido ainda, precisa ser com firmeza parado: a mente conversa com ela mesma. O consciente diz ao subconsciente: "Agradeço a lembrança. Ainda não tenho elementos para decidir. Me lembre disto amanhã. E agora chega". Subitamente, vem o silêncio.

Isso até nos surpreende, acostumados que estamos com a ansiedade mínima latente, a que é suportável e, portanto, não a corrigimos. Mas é fato: assim que damos uma ordem para a mente... tudo se organiza.

A maioria das pessoas tem um subconsciente indisciplinado e um consciente fraco e hesitante, que não se acostumou a dar ordens para si mesmo — mesmo que saia dando ordens para outras pessoas. Assim, no início desta prática, pode bem ser que o subconsciente insista, trazendo o assunto novamente. Quando, entretanto, você comandar com absoluta firmeza, dando a ordem ao subconsciente, ele obedecerá; e quanto melhor e mais for treinado, mais obediente será. Esse escudeiro do mecanismo mental, porém, não pode ser enganado: não adianta enrolar, enganar nem mentir para si mesmo. Ele sabe. Fale a verdade, sempre, e busque um estado de completude.

Um dia, me lembro, me sentia inquieto. Morava no monastério, onde cada um de nós tinha uma cabana em meio à densa floresta tropical. Dentro dela havia um colchonete de pequena espessura, onde eu dormia, e os lençóis, com mais uma estante discreta de livros de cabeceira, uma lanterna e a pena de arara que eu usava para varrer insetos que tinham que ser convencidos que não poderiam dormir ali comigo. Eram umas duas da tarde. Algo incomodava, e eu não sabia o que era.

Parei; respirei. Esvaziei a mente.

O subconsciente logo me trouxe a informação: "Você deixou a janela aberta e irá chover!". Antes que eu a percebesse, essa ideia me enrijecia os tendões, tensionava os ombros e o pescoço. A preocupação nos afeta antes de a parte consciente a perceber.

Eu não poderia, naquela hora, ir até a cabana. Precisava resolver internamente, em mim. Não bastaria eu pedir a mim mesmo, "Calma." Calma o quê? A minha cama vai molhar! Vai ficar com cheiro de mofo! Onde vou dormir? E os livros? Eu tinha que falar com o subconsciente, que amorosamente me alertava do perigo, mesmo que com sua ignorância das prioridades e dos reais valores na minha vida. Fechei meus olhos, para conversar comigo.

— Você tem razão — eu disse ao meu solícito subconsciente. — Vai mesmo chover. A cabana irá molhar.

— Tragédia! Água! Pânico! — ele respondeu. — Como dormir ali?

— A janela está aberta, e ficará aberta. Irei levar novos e limpos lençóis, secos, e um rodo. Não tenho como impedir o colchonete de ser encharcado, mas o deixarei no sol amanhã. Hoje dormirei no chão, sobre um cobertor.

— E os livros?

— Estão fora do alcance da chuva que entra pela janela.

— ... — ele nada disse; o subconsciente silenciado mostrava que havia aceitado a decisão.

— Agradeço os valiosos alertas. Agora podemos continuar nesta tarefa, aqui, agora.

E assim foi. Eu não tive uma solução para o problema, pois a água molharia mesmo. Mas tive um estado de completude, uma decisão completa que incluía ações externas e a ação interna da aceitação do fato — e assim o subconsciente sentiu que a sua tarefa estava feita.

É comum nos meus dias sentir-me incomodado, sem saber o motivo. Uma ansiedade leve e suave, ou uma tristeza. Paro quando posso e me pergunto qual a razão. A resposta é algumas vezes surpreendente: uma palavra minha que poderia ter magoado alguém, que eu nem havia percebido conscientemente, fazendo necessário que eu me desculpe. Ou uma ordem que eu dera a mim, de que era importantíssimo almoçar comida saudável naquele dia, mas quando fiz diferente o subconsciente entrou em desespero — porque ele, coitado, havia sido avisado que era imprescindível comer espinafre, já que eu mesmo assim afirmara... enquanto na verdade, era importante só que nada urgente. Nosso ajudante interno é maravilhoso, mas simplório.

Mesmo aquele exemplo acima, de ser lembrado que alguma palavra talvez tenha magoado, não precisa de uma solução imediata — mas precisa de uma completude que nos permita relaxar. Decido: ligarei para ela hoje à noite, ou mandarei flores, ou tomaremos um café. Envio uma mensagem, ou anoto na agenda. Resolvo aquele momento específico, mesmo que ainda faltem ações no futuro: o presente estará estruturado, equacionado e pacificado... e assim a mente subconsciente nos dá paz.

Esta é a técnica de fechar os pensamentos, que agradeço a Āchārya Arumuganāthaswami, amigo querido e irmão monge, sábio e eficaz. Eu levei uns dois meses para aprender a pronunciar o nome dele, confesso: mas ele sabe organizar a mente com maestria.

Fechar pensamentos é mais que útil, é imprescindível. Para dormirmos melhor, quando há ansiedade ou expectativa, quando a mente está acelerada, temos que aceitar a tarefa importantíssima do subconsciente como nosso servo — mas não como nosso dominante senhor. Ele é nosso amigo, nosso robô.

Quando eu era adolescente, uma professora de inglês me contou que se lembrava de palavras que haviam fugido da mente mais tarde, à noite, enquanto assistia às novelas. Como é que se dizia tal coisa em inglês, mesmo? Ela nem sempre se lembrava. O inconsciente obediente ia lá trabalhar, buscava. E assim que a mente dela se esvaziava, com ela relaxada... Ele entregava a palavra em uma bandeja. "É isso!", a professora dizia, assistindo a uma cena que nada tinha a ver com a palavra esquecida.

O mesmo mecanismo nos dá insônia. As engrenagens da mente consciente não apenas dão ordens para o subconsciente. Muitas vezes, elas são comandadas pelo que está embaixo, na ordem contrária do que seria natural. Quando você se acalma, e se prepara para adormecer, a mente consciente vai se esvaziando... e então, vendo você livre, a obediente parte automática vem, trazendo tudo aquilo que está para ser resolvido. Mil assuntos, todos encadeados e pendentes, tirando a tranquilidade de nosso sono. Como uma secretária que comanda a pauta da reunião ou como um auxiliar que atropela o líder, tudo ao inverso, tudo confuso.

Seria cansativo e difícil resolver as ideias naquela hora, até impossível. Mas não precisamos.

O que mais importa é a decisão que leva à completude. Cada pensamento que incomoda deve ter uma decisão, mesmo que simples. Um projeto foi bem-sucedido e é tão excitante que nos tira o sono? Dê a si mesmo os parabéns, sinta a alegria, e diga ao subconsciente que agora não é hora de planejar os próximos passos — e pronto. Deitado na cama você se lembra que precisa marcar dentista? Anote mentalmente, ou em um papel, para ligar lá no dia seguinte — e pronto. Uma ideia brilhante? Dê uma ordem para o subconsciente a trazer de volta amanhã, melhorada pela sua boa noite de sono e pela intuição.

É preciso também evitar a tentação de fechar todos os pensamentos, cérebro adentro, em um mergulho cansativo. Eles serão muitos, e a hora de dormir não é uma reunião de pijamas entre você e seu fiel escudeiro na mente. Leve a um estado de completude aqueles que mais incomodam, um ou dois ou cinco; e dê uma ordem para que todos os outros voltem amanhã.

Decisão e completude para fechar os pensamentos, e a mente ter paz.

meditação 11: o governo de si

15 *minutos*

Aprendizado: *Comandar a mente obediente*

Quem manda em você? Além das estruturas sociais, no trabalho e na família, todos nós temos também um conflito interno.

Se um desejo vem — quem decide se devo ceder ou não, me deleitar ou me conter? Serão os ideais maiores em mim, ou a minha disciplina, ou a minha vontade de ter aquele prazer?

A sabedoria consiste em, no tempo certo, ceder o comando de si para a parte que deve predominar. Deitado na rede, é necessário relaxar. Na hora do atletismo, deve-se competir. No momento do perdão, é preciso aceitar.

Meditamos para organizar os comandos internos.

Início

Consciência corporal, respiração e presença no agora. Toda meditação assim se inicia. Veja a técnica na meditação 6 deste livro.

1º passo

Respire naturalmente por algum tempo, observando a mente, deixando que ela se cale; que os pensamentos percam força por não receberem a sua atenção.

Então, inicie a respiração de expansão da consciência. Em três tempos de igual duração, em geral sete segundos, faça isto: 1. encha os pulmões lentamente; 2. segure a respiração e sinta a energia ao redor da cabeça expandir-se, como uma luz; 3. solte o ar devagar, lembrando de igualar o tempo dos outros dois passos.

Repita várias vezes, até sentir que há uma energia potencial grande em si, que não está mais presa nos pensamentos.

2º passo

Na meditação, crie uma intensa luz branca que vem do alto e toca o alto da sua cabeça. Como se deixasse o corpo para trás, imagine-se subindo por dentro dela, rumo ao alto. Deixe aquela luz cada vez mais sutil inspirar e tocar você.

Tudo que é do mundo fica para trás.

Continue subindo.

Quando sentir que está no alto, perceba que ali existem os seus ideais maiores, aqueles que nem sempre conseguimos cumprir. Com a atenção, os visite e identifique — o que é mais importante na sua existência? Reconheça a potência dos comandos que vêm de lá.

3º passo

Gradualmente desça, para sentir-se novamente encaixado dentro de seu corpo. Coloque e mantenha a atenção na luz atrás dos olhos, onde fica o cérebro — o salão da consciência. Mantenha-se sereno. Identifique ali os seus planos de vida, seus sonhos reais, sua disciplina, suas qualidades. Reconheça a força dos comandos desta parte de si mesmo.

Então, finalmente, sinta o corpo e as emoções. Identifique as outras necessidades, tantas, e os desejos que vêm destas partes. Reconheça a insistência dos comandos que daí vêm, a parte menos forte de todas, mesmo que ela frequentemente vença pelo cansaço e pela insistente repetição.

Retorne gradualmente da meditação, com a mente clara e a respiração lenta, compreendendo quais são os centros de ordem e comando dentro de você. Com esta meditação, você organiza suas camadas e define a ordem da sua vida.

pensamentos e o voo das águias

O jovem monge vivia inquieto, e não conseguia meditar naquele monastério encravado no penhasco, onde as águias voavam.

O que o incomodava era uma ideia fixa, forte demais para ser afastada. O chamado dela era grande: não poderia ser resolvida apenas na meditação, mesmo que a arte de meditar pudesse dar forças e equilíbrio para que ele tomasse a atitude correta.

O monge vivia ali havia muito tempo, desde que conseguia se entender por gente. Sempre estivera no monastério. Seu pai e mãe o haviam deixado ali, ainda bebê, conforme o costume local, conhecido e respeitado. Quando as famílias eram numerosas, e quase todas eram, um dos filhos era deixado com os monges. Aprenderia a ler e a escrever naquela terra sem escolas; quem sabe encontraria amor e disciplina. Um dia, quem sabe, cada criança voltaria para casa, para com seus conhecimentos ajudar seus irmãos e irmãs de mãos calejadas do trabalho braçal — ou, se seu caminho fosse outro, permaneceria distante, um monge altivo e silencioso, observado pelo pai e pela mãe que, com respeito amoroso, rezavam pela iluminação do filho.

O jovem meditador tinha dezesseis anos. Suas emoções o jogavam como a água do mar chacoalhando um navio, de um lado a outro, sem trégua. O conflito era que nunca havia decidido ser monge por vontade própria: por um lado, amava ser; por outro, queria encontrar sua família.

Sentia o frio incômodo, sentado à beira da janela. Era reconfortante, surpreendentemente. Ao mergulhar mais fundo no agasalho e nas lãs da manta que o encobria, incomodado com o vento, encontrava uma desculpa para não meditar. A culpa era do vento.

Sua mente voava longe. Para terras desconhecidas, além das montanhas que cercavam o pequeno país e suas florestas antigas, densas e intocadas. Bebia um gole de chá. Sonhava. Pensava; sua mente livre como as águias — mas não no vão do espaço vazio da consciência, na luz de seu ser intocado por pensamentos, como aprenderia um dia — visitando as ideias e sedutoras possibilidades do mundo material, que se abrem para quem completa dezesseis anos.

Havia lido — pois aprendera sim a ler, a língua *páli* antiga, o *sânscrito* difícil, os caracteres em estilos diferentes e complexos — sobre as terras onde o sol batia incessantemente e as montanhas não eram cobertas pela neve. Havia lido sobre o futuro e o passado, a morte e a vida; sobre a vastidão de uma água tão grande e infinita que era chamada de mar. Lera as palavras de mestres sábios, descrevendo estados de consciência elevados, em que vibrações se tornam cores, em que energias fluem com a atenção e a ordem do meditador. Havia aprendido que existem dimensões diferentes, e seres invisíveis aos olhos comuns. Aprendera sobre as terras dos mortos e as forças que conduzem os vivos durante a vida. Tudo isso, tanto, rodopiava na sua mente, o sagrado e o mundano.

Como todo rebelde revolucionário, ele queria mudar tudo, o mundo. Adultos, ele percebia, são viciados em um conformismo derrotado que os mais novos não têm. Essa intensidade apaixonada ameaçava a disciplina do jovem monge, que na mesma medida queria abolir as normas e incendiar as velhas regras — mas também dominar a sabedoria antiga, alcançar a luz interna, trilhar o caminho dos mestres.

O dia a dia ali era simples, quase despido de qualquer coisa interessante. Mas em sua cabeça esses assuntos vibravam, incessantes, chamando a sua atenção. Como meditar assim? Os cheiros, o tempo. Os tecidos. Os sonhos e as tristezas: tudo o distraía.

Irritava-se. Exausto das amarras, de tentar se controlar. Sua mente sonhava, viajava, ia. E ele ficava cansado de si mesmo: o monge que não sabia meditar.

Distante dele, dentro do monastério, uma moça o observava discretamente. Acendia as velas que ardiam, incessantes, nos recônditos e cantos sagrados, cada uma delas um pedido, uma prece e uma oração. Uma vela brilhava pedindo saúde para uma pessoa da aldeia, talvez rogando por um casamento; outras buscavam sorte na vida, acolhimento no amor, sonhos tantos, verdadeiros e humanos. A moça era voluntária: cuidava das velas do monastério; carregava água para molhar as plantas e cerzia, às vezes, o pano puído de uma tapeçaria ou cortina que balançava abandonada. Ela tinha secretamente um motivo para o olhar com tanta ternura e carinho: era sua irmã.

Ela havia conseguido aquele trabalho pelo desejo secreto de estar com o irmão de quem todos falavam, que havia saído de casa ainda bebê para, como sua família dizia, atingir a iluminação abençoando a vila. Ela não conseguia perceber o desafio do jovem monge; apenas cuidava das simples tarefas e o acompanhava admirada.

Desistindo de meditar, o moço deixou a atenção ir. Atravessou rios, viajou além das montanhas. Imaginava-se nas ruas da distante capital, olhando as moças, descobrindo o mundo, jogando cartas. Piscava, abria e fechava os olhos; e imaginava então outras aventuras, todas longe. Tamanha era a sua distração que não sentiu a monja chegar.

Um leve chute o empurrou. Em salto e susto, ele pulou para trás se enrolando em seus panos, caindo de costas. Só via pernas à sua frente, mas ouviu a doce e firme voz feminina:

— Sua mente já saiu daqui: esteja pronto para ir embora!

Amedrontado e envergonhado, ele se encolheu. Era a voz da instrutora de meditação, a mestra das técnicas sagradas. Os olhos dessa misteriosa monja eram belos e intensos, claros e azuis demais para ter nascido ali: mas nada dela se sabia, porque o passado pouco se investiga quando se vive no presente. Era sua mestra.

Sentiu-se pequeno. Suas pernas tremiam, seus olhos procuravam a penitência fixados no chão, baixos e tristes. Foi cuidar de outras tarefas. Com a mente ainda mais inquieta e o coração amargurado e encolhido, ele trabalhou naquela tarde na horta, colhendo vegetais, até a sombra longa das montanhas cobrir o vale e o sol se pôr, trazendo escuro e a gélida noite.

Será, pensava com inimaginável dor, que ele iria ser expulso do monastério? Da única vida que conhecia, de seu refúgio e proteção? Ela havia dito: "Esteja pronto para ir embora!".

Chorou baixinho até dormir, enrolado em sua manta de panos grossos, deitado no colchão fino sobre a madeira do chão.

as mesmas palavras, outro significado

Às quatro da madrugada, como em todos os dias, se levantou.

Tomou um banho simples, usando a caneca e água esquentada à lenha, como todos os monges faziam. Sentia ainda a dor apertada da véspera, que esmagava o coração, mas estava melhor. Não haveria de ser nada; não o expulsariam, não era assim que funcionava.

Caminhou em silêncio com os outros para a meditação em grupo, ainda muito antes de o sol nascer, em direção à grande sala.

As salas e os quartos do monastério eram rústicos, suas linhas tortas, a pintura feita em inúmeras camadas descascando. Cheiravam a incenso e a madeira antiga. Caía neve no inverno e chovia forte no verão. As forças da natureza enfatizavam a constatação da impermanência: nada é eterno, e a única constante é a mudança. Disto nascia o desapego, a busca da liberdade interna, e a maioria dos ensinamentos que ali eram repetidos, século após século após século.

Sentou-se em sua almofada. Fechou os olhos, respirou. Tentou controlar a mente, com pouco sucesso. Oscilava entre sono e ilusões, pensamentos que não paravam.

Todos os habitantes daquele lugar meditaram juntos por um longo tempo, até a voz dos pássaros anunciar a inquestionável chegada da alvorada. O gongo soou forte, o som vibrando e fazendo tremer o chão e o peito. Os mais velhos começaram a cantar mantras; a meditação terminara. Raios de sol já entravam pelas janelas. Passava das seis e meia da manhã.

Preparava-se para levantar, quando alguém discretamente sussurrou em seu ouvido:

– A instrutora quer falar com você. Fique na sala.

Como se uma nevasca descesse pelas suas costas, como se um terremoto chacoalhasse seus ossos, sentiu o medo percorrer seu corpo. O que aconteceria? A mente corria, voava, girava.

Lentamente e em silêncio, todos os outros deixaram a sala.

Sentaram-se frente a frente, a mestra e o jovem monge.

O quase menino suava em calafrios, esperando que ela falasse. O tempo passava lento, com ela em silêncio. Então finalmente sua voz serena soou em toda a sala:

— Esteja pronto para ir embora.

Ele não conseguiu segurar seu choro. A água vinha transbordando de dentro, parecendo nascer do coração apertado como uma esponja, vazando e vazio. As lágrimas nasciam; as palavras, balbuciadas, eram insuficientes, e, ao tentar falar, ele desistia no começo de cada uma das muitas frases. Enfim desistiu; soluçava e molhava as vestes de monge com a salgada água da tristeza.

Chorava bastante; nem mais tentava segurar. Queria, em alguns momentos, receber um abraço da instrutora, mas ele não vinha. Pensava como estava sendo bobo; e depois pensava que tinha razão, e então nada mais sabia. A dor era quase física. Teve ódio e raiva, teve medo e solidão, sentimentos passageiros e misturados.

Parou, aos poucos. Respirou fundo. Nada era dito.

A atmosfera opressiva, ele foi percebendo devagar, vinha dele. A angústia e o temor, o ressentimento — existiam apenas nele. A sensação de tragédia e a ferocidade do julgamento — apenas nele. Como se fosse mágico, deu um suspiro enorme, o maior da vida, e seus ombros se aliviaram, o peso diminuiu. Ainda estava machucado.

Então observou os olhos da monja à sua frente. Eram azul-castanhos, atentos e abertos, sem se distraírem um momento que fosse. Ela viera de longe havia muitos anos para entrar no monastério; de onde, não se sabia. Ele fixou-se naquele iluminado olhar.

Sentiu nele um amor imenso, compaixão e paciência. Emanava uma luz desconhecida, que era ao mesmo tempo familiar para sua alma. Observaram-se por um tempo, olhar tocando o olhar. Ele não mais chorava.

Finalmente, ela disse, mestra que era:

— Esteja *pronto* para ir embora.

Sua voz enfatizava a segunda palavra. Ele entendeu. Não era expulso, nem pária, nem vilão. Ela simplesmente havia percebido que ele dali sairia um dia, levado pelos seus desejos e karmas e destino. Com intensidade e cuidado, com carinho, ela queria que o jovem monge estivesse pronto quando seus pés deixassem o solo sagrado do monastério, pronto para ter alegria, pronto para viver uma vida harmoniosa e pura. Era proteção amorosa, não punição áspera.

Sentia a compaixão dela como raios; era tanta, que ele decidiu ser assim também um dia, aonde quer que a vida o levasse.

Talvez tenha enxugado uma última lágrima, desta vez de alegria.

A monja começou a explicar as técnicas que ele precisava aprender; como precisava adquirir domínio da mente, e ter controle de si, para ter sucesso no mundo. Conversaram longamente naquela abençoada manhã.

Finalmente, ele aprendeu. A instrutora de olhos azuis disse:

— Sem um objetivo claro, sem saber para onde quer que sua mente vá, você não teria motivo ou forças para se controlar. Quando fechar os pensamentos, você terá mais poder de comando se tiver algo maior a guiar sua vida. O subconsciente irá respeitar suas ordens. A autoridade emana da certeza de um propósito. Decida quem você quer ser, e suas prioridades virão naturalmente disto.

Assim aconteceu.

A solução era esta: qual o motivo que o levava a meditar? Quando a intenção era tênue, o esforço era pouco.

Ele entendeu que precisava apaixonar-se. Amar intensamente aquela pessoa que ele queria ser: encantar-se com a versão de si mesmo que estava ali, em um futuro possível, próxima, que meditava como os monges de semblante harmonioso e elevava-se como as águias. Precisava esquecer suas dores, deixar de focar-se no medo e almejar a coragem, ignorar os pensamentos e abraçar o silêncio, lembrar-se de qual era o objetivo da meditação.

O que ele realmente amava, a ponto de sacrificar tudo? O que o faria queimar, no altar da dedicação, a preguiça, o medo, os defeitos, a raiva, a dúvida?

Ele sabia a resposta. Queria sair pelo mundo, mas levar alguma iluminação com ele, espalhá-la e oferecê-la a todos.

Nos meses seguintes, meditava. Controlava a mente, fechando os pensamentos inoportunos. Quando vinha um sonho sobre como seria sua vida no futuro, cheia de aventuras e novidades, ele trazia a mente para o agora e fechava o pensamento. Dizia para si mesmo: *depois* isto; *hoje* tenho que tornar-me pronto, sem agora não haverá nada desse futuro. Havia decidido ajudar pessoas e ensinar a arte da consciência e o amor que

a autoridade interna emana
da certeza de um propósito.
decida quem você quer ser,
e suas prioridades virão
naturalmente disto.

dela emana, esse era o seu propósito; observando a estrela distante do seu destino sem se perder em conjecturas, focava-se no agora.

Começou a gostar daquilo que fazia. Onde quer que estivesse, amaria as pessoas silenciosamente, e levaria uma nova maneira de ver o mundo, de maior leveza e empatia. Poderia até voltar ao monastério, depois de conhecer a cidade. Quem sabe?

Um dia, a irmã escondida do monge não mais se conteve. Colocou uma flor na frente dele, para que fosse a primeira coisa que visse quando terminasse sua profunda meditação, em que um suave sorriso nos lábios crescia a cada descoberta interna. Quando viu a flor, o monge ficou surpreso; ela, sem mais conseguir se controlar, o abraçou e contou quem era, e falou da família que o amava. O monge entendeu o que ela ainda não entendia: havia chegado a hora de partir. Teve dúvidas. Estaria pronto?

Viu que a mestra o olhava de longe, discreta. Como se ela lesse a sua mente, fez que sim com a cabeça: ele estava pronto.

Ele abraçou sua nova irmã. Arrumou as simples vestes; e, dono de si mesmo, partiu para a vida que esperava, com o propósito de ajudar as pessoas e ensinar o mundo, emanando pelo olhar uma luz que começava a brilhar — vinda da alma, como na mestra de olhos de céu, cheia de compaixão.

meditação 12: a infinita luz branca

10 minutos

Aprendizado: *A luz dentro de si*

Luz é ao mesmo tempo uma metáfora e uma realidade, dentro de nós. Quando falamos da luz, nos referimos a algo que clareia, ilumina, elucida. Ela remove as sombras das dúvidas, a escuridão do engano, o véu do preconceito.

Na meditação, dizemos luz quando nos referimos à emanação da alma.

Entretanto, a luz vista dentro de nós, com os olhos fechados, é verdadeira e real. É nossa percepção da energia mais elevada.

Como em uma tela de cinema, luz é aquilo que existe antes de a imagem se formar, o que precede as próprias ideias e fatos concretos. É a energia pura.

Imaginar a luz na meditação é a primeira etapa. Com a determinação da força de vontade, essa luz que imaginamos é respondida: parece ser criada em nós. Não é ilusão. A consciência se expande. A alma se manifesta.

A luz vem da sua origem, daquilo que há de mais elevado; do que é você.

Início

Consciência corporal, respiração e presença no agora. Toda meditação assim se inicia. Veja a técnica na meditação 6 deste livro.

Passo único

Aprofunde-se no seu ser. Mantenha por alguns momentos a respiração controlada, e depois a deixe fluir naturalmente.

Na câmara atrás de seus olhos, onde fica o cérebro, abra espaço na sua mente para criar uma intensa luz. Ela é branca. Nas primeiras vezes da prática desta meditação, é aceitável e até normal que venha em outra cor. Imagine, visualize e crie esta luz; e a sustente.

Se tiver dificuldades para criá-la, imagine o holofote mais brilhante de todos. Gradualmente o esqueça, e fique com a luz.

Mergulhe nela, como se fosse um oceano. Ao mergulhar, sinta-a.

Ela traz e tem atributos: pureza, clareza, limpidez, bênção. Sinta e permita que reverberem em si.

A luz, nas primeiras vezes, será leve, como a luz de um luar. A prática a tornará intensa e fulgurante. Ela se torna inacreditavelmente forte, na meditação experiente.

A luz dissolve os outros pensamentos. Se algum tentar vir, aumente o brilho dela, até que tome toda a sua atenção.

Mais intensa, mais clara, mais brilhante — a intensifique repetidas vezes, com dedicação, e, quando ela for abundante, flua dentro dela e se solte além da sua identidade.

Seja a luz.

Com a firmeza da decisão, afirme sem voz, silenciosamente, para ensinar o seu subconsciente. "Eu sou isto. Eu sou isto." Para cada característica e atributo que você encontrar na luz, reafirme: "Eu sou esta certeza. Eu sou esta confiança. Eu sou esta amorosidade". Isto faz com que toda a sua mente aceite a vibração elevada.

A seu tempo, quando naturalmente a consciência estabilizar-se depois da grande expansão, retorne lentamente. Sinta os dedos, a respiração, o corpo. Quando abrir os olhos, tente ainda sentir a luz branca dentro de você.

a grama e o céu
(sensações do autor ao meditar)

Sento na grama, o dia é ensolarado, os sons de pássaros e o vento cantam ao redor. Vou meditar. O corpo preciso, a postura correta, o hesitante pensamento que ainda vai de lá para cá. Vou meditar.

Sentado estou. Sei o caminho, algo essencial para meditar corretamente: conheço o mapa e os estados interiores aos quais me destino. São catalogados, explicados, escritos com precisão em línguas antigas e caracteres fascinantes, desenhados a pincel de pelo de iaque nos monastérios do Tibete, delineados sobre folhas secas de palmeira no sul da Índia. Embora as metáforas sejam esforçadas, embora os mestres que descreveram esses estados tenham sido tão claros quanto possível, ainda assim foi pouco, inevitavelmente pouco. As palavras de quase todas as línguas foram inventadas para descrever aquilo que se pode pegar, e são pobres para manejar o sutil. Por mais mapas que eu tenha lido, por mais instruções que eu tenha recebido, os estados de meditação serão sempre bem mais interessantes.

E lá vou eu. O corpo físico se manifesta, reclamando como sempre. Ah, o pé vai doer, ele diz. Estica a perna um pouquinho. Mas e as costas? E, ih, acho que tem formiga nesta grama. E se um pernilongo me picar? Eu ouço com carinho as reclamações, mas em não mais do que alguns segundos coloco as pernas, os braços, a cabeça e o tronco na posição mais adequada. É confortável, e logo sei que o corpo vai esquecer de reclamar.

Respirando, atento ao ar que flui em meus pulmões, passo ao nível seguinte. Observo as minhas emoções. Mas e se eu não conseguir meditar direito hoje? O sentimento, que sempre vem, veio de novo hoje. Calma, eu não digo porque não preciso dizer, mas imponho ao meu corpo emocional: calma. E vêm uns medos, a preocupação com o passado não resolvido, a ansiedade inevitável, tão humana, sobre tudo o que é futuro.

Eu então me lembro (como tantas vezes me lembro) do Buda meditando sob a figueira, a árvore *bodhi*. A linguagem figurada do relato que chegou até a gente conta como ele meditou por um longo tempo. E vieram animais, rugindo, furiosos; vieram cobras sinuosas e cheias de veneno; vieram demônios para atrapalhar sua concentração, apsarás nuas dançando e incitando seu desejo. E o Buda, de olhos fechados, continuou meditando.

Medito. Os monstros mentais passam, eu nem ligo. Os medos ventam, eles que soprem. Vou embora do núcleo emocional, que, privado da minha atenção, logo fica calado; é como uma criança que só faz birra quando alguém presta atenção.

Sigo para o campo da mente abstrata, o nível mental, onde habitam ideias e conceitos. Do alto dele, entro no reino da intuição. O mundo interno se abre, a visão acorda. Eu voo.

Dentro de mim, eu percebo levemente o canal *pingala*, azul-claro suave, por onde flui uma energia de certas características. Do outro lado do corpo há o *idā*, de uma cor rosada vívida, com energias opostas. Puxo ambos para o centro, e a energia sobe por mim, coluna acima, alimentando e acendendo os chakras, incandescendo o canal mais forte e importante, o *sushumnā*, amarelo-sol.

Dentro de mim há tanta energia que eu nem consigo mais me mover. A respiração, que havia sido profunda e rítmica, se torna mínima e rasa, embora ainda lenta. O corpo físico é uma lembrança distante, um algo esquecido lá embaixo, como se visto do alto de um balão. Sou mais real do que era minutos atrás. Isto sou eu, e o que há dentro disto, e o que haverá dentro do dentro disto.

Com o *sushumnā* iluminado, sigo com a consciência até o centro do salão onde se pensa, o cérebro vazio, o lugar íntimo de se ser. Encho o salão com a luz que vem do canal brilhante; ela toma o salão inteiro, primeiro tornando-o claro, depois fazendo ser quase impossível o pensar; os pensamentos são devorados pela luz. Como eu planejei uma meditação simples, não vou investigar chakras, nem olhar cores internas, nem buscar efeitos especiais. O plano é adentrar a luz.

E mergulho no silêncio, onde não há mais nada com forma; existe apenas a essência da forma. É o poder que sustenta tudo, que faz o mundo existir, que permite que a minha consciência tenha algo do qual se conscientize. É a tela, sobre a qual a existência depois é pintada em tantas cores.

É um nível da consciência chamado de *sat-chit-ānanda*, um encontro com a matéria-prima de tudo. Quando se está imerso nesta energia primordial, só existe *sat*, a verdade sem causa; *chit*, a consciência de quem medita; e *ānanda*, um êxtase místico, o nascer de mil sóis.

Eu aprecio a experiência, sabendo que será difícil, depois, recordar completamente o que vivo.

Quando ouvi isso pela primeira vez — que a parte mais externa da mente tem dificuldade de registrar o mais sutil —, parecia bobagem. Algo tão intenso não pode ser esquecido, eu pensava. Mas, na consciência do dia a dia, as coisas do profundo da alma são lembradas restritas e planas como uma fotografia, uma flor seca sem cheiro, uma letra de canção sem música.

Saio devagar do estado em que estava, chamado de *savikalpa samādhi*. Existem outros estados mais profundos, além da luz — mas sobre eles não há o que dizer, nem os visitei hoje. Lentamente, a consciência volta para o plano mais comum.

Ao meu redor, pássaros piam. A grama se espalha, verde e indiferente ao que meditei ou não. Sinto-me como se fosse um avião que acaba de aterrissar depois de uma longa viagem. O meu corpo parece estranho, interessantíssimo, mas não bem meu; sou um hóspede. As cores, todas, são incomuns como se eu as visse pela primeira vez. A mente está vazia. Eu não penso.

Aquilo que encontrei no mais profundo de mim é tão real que o mundo aqui fora parece de papelão. As pessoas, as ideias. Os medos. Como quando eu era pequeno, menino, e ia bisbilhotar os bastidores do teatro, a magia feita de cola, brocado e panos costurados.

Conforme os minutos passam, os pensamentos voltam à minha mente. Primeiro apenas os mais elevados e sutis. Estendo as pernas, estico os braços. Ouço algumas pessoas falando lá longe, e a conversa parece quase uma agressão à serenidade, espantando algo sublime. As gentes não precisariam falar, concluo.

Eu sei, porém, que em duas horas ou menos os efeitos da meditação vão ter se dissipado. Eu acharei meu corpo completamente normal. O mundo será de novo sólido. Estarei tagarelando novamente, falando bobices e coisas sábias, como todos. Esquecerei o que senti, o que vi. Tem problema, não.

Amanhã recomeço.

Não há nada de extraordinário ou fantástico nessa meditação. Na verdade, é uma das mais simples, embora alcance uns andares bastante elevados. Mas o que eu descrevo é seu, você que me lê; seu, seu, seu; inalienavelmente seu. É a matéria-prima da sua alma, e é a matéria-prima que, diluída e em movimento, cheia de corantes e texturas, constrói o que a gente chama de mundo real.

Extraordinário é você.

3.
A atenção

SEXTA DESCOBERTA: O FLUIR DA ATENÇÃO

a árvore de Buda

No Ocidente, costumamos nos deslumbrar com grandes pessoas. Eles e elas podem, e nós não; há uma qualidade mítica nos heróis, nos profetas, nos príncipes.

O Oriente é um pouco diferente. A diferença entre cada um de nós e um grande mestre é que ele já se aperfeiçoou, e nós estamos a caminho, mesmo que lentamente. A iluminação é inevitável, mesmo que ela não seja para já.

É assim que as histórias do Buda são lidas e recontadas.

Gautama, um príncipe belo e poderoso, resolveu abandonar seu reino. Um monge havia contado ao rei, seu pai, que seu filho seria um grande conquistador — do mundo ou de si mesmo. E por mais que o seu pai tentasse, escondendo do filho a existência da dor e do sofrimento, o cobrindo de alegrias e prazeres, um dia o príncipe descobriu a impermanência.

Descobriu que tudo muda, tudo flui; e entre uma primavera e outra há o inverno rigoroso; ao final de cada alegria há a tristeza, antes de a alegria voltar.

Deixando o palácio para trás, rumou à floresta, onde havia supostos sábios que meditavam. Como eles, jejuou por dias a fio; como eles, meditava nu, sem conforto algum, sem elos, laços ou apegos.

Sentia sua evolução e aprendia. Mas não se sentia livre da prisão em que todos parecem viver, a matéria bruta, o fim e a tragédia, a impermanência e o apego.

Gautama meditava. Jejuava. Esperava. Ainda assim, algo lhe faltava.

Um dia, percebeu o exagero daquilo. Sentiu a excitação da descoberta, o arrepio, como se um relâmpago o atingisse. Abriu os olhos. Ao seu redor ainda estavam os mesmos renunciantes, de cabelos desgrenhados e unhas longas, nus e em silêncio, a pele castigada pela vida extrema. "Que desequilíbrio", ele pensou, finalmente. Qual a vantagem disso?

O jovem que um dia receberia o nome de Buda descobriu então o Caminho do Meio, fundamento da sua filosofia. Sob protestos dos renunciantes, abandonou-os às suas doidices, as tais austeridades em demasia. Tomou seu banho, aceitou comida. Colocou roupas simples. Sentiu-se aliviado.

Assim, equilibrado e feliz, foi meditar de uma nova maneira.

Dizem que sentou sob uma enorme figueira, *Ficus religiosa*. Ali fechou os olhos pela última vez antes da sua iluminação.

A atenção dele mergulhou no centro de si mesmo.

Atravessou o vazio do silêncio, e encontrou a intensidade da sua própria presença.

Mas não teve paz por muito tempo. Irritadíssimos com sua meditação, animais furiosos atacaram o Buda, garras e presas à mostra, terríveis, ameaçando rasgar a sua pele e dilacerar seu corpo.

O Buda meditava. Sua atenção balançava... mas voltava, sempre, para o centro da consciência, focada em apenas ser. Colocava a atenção no que havia de mais permanente em si mesmo.

Então vieram as apsarás, as sedutoras mulheres mágicas da mitologia indiana, perfeitas, envoltas em sedas e panos translúcidos, quase nuas, cheias de desejo e sedução. Com seu toque suave, buscavam distrair o jovem meditador. Seu perfume delicioso enlouquecia; seus sussurros tentavam acabar com a concentração.

O Buda ainda meditava. A atenção se mantinha firme.

O ar tornou-se então acre e fedido, incômodo. Sombras surgiam e o Buda as sentia, geladas, mesmo de olhos fechados. Eram demônios, da ignorância e da vingança, da malícia e da traição, com olhos esbugalhados, que com sua presença medonha tentavam assustar quem meditava.

O Buda, rumo à iluminação, foi ainda mais fundo.

Os desafios do jovem Buda são simbólicos. Essas são as distrações. A raiva, o medo, a lascívia. Cada uma delas é uma emoção, um empurrão do fundo da nossa mente que tenta nos fazer parar de meditar. Cada monstro é um pensamento, cada imagem um desvio do caminho. Todos imploram pela nossa atenção, que é o centro da consciência.

Se até o grande meditador, o Buda, se distraía – quem seria eu para meditar? Devo desistir?

Mas a história é convidativa e gentil. Ele hesitou e foi tentado, como nós. Venceu não inimigos externos, mas as tendências dentro de si mesmo. A atenção dele balançava, mas sempre voltava ao centro daquilo que ele mesmo tinha escolhido, a meditação. Sua atenção livre ia cada vez mais navegando até o transcendente nele.

Ele era um de nós, e isso é um alento inacreditável.

Dizem que sua última meditação em direção ao centro de si mesmo antes de iluminar-se durou meses, ou dias ou horas, não se sabe – nem importa. O Buda encontrou algo sublime, inexplicável. Simples, infinitamente simples.

O que ele experimentou mais tarde seria chamado de *Nirvana*, literalmente, "o apagar de uma vela" – não para que fique escuro, mas porque o dia chegou.

meditação 13: a certeza da jornada

15 minutos

Aprendizado: A *ajuda secreta*

Todos nós sentimos a dança entre a sensação de que estamos sós no caminho – e a impressão de que somos guiados nos nossos passos da vida.

Na espiritualidade, ambas as definições estão corretas em parte.

Para os budistas, não haveria nada mais cruel do que uma existência tão sem desafios que impedisse a pessoa de jamais crescer e evoluir. É através da intensa jornada que nos libertamos do ego; descobrimos as maiores forças e certezas em nós; e espalhamos essa luz ao mundo. O conforto permanente poderia se transformar na prisão do não crescer.

Sermos amados por seres maiores — sejam anjos, budas, antepassados, mestres, ou aqueles em que você acreditar e como os quiser chamar — é ser abençoado de uma maneira que não rouba você de seus desafios, ao contrário.

O que não pode acontecer é que esses obstáculos esmaguem você sob tarefas impossíveis. Isso, em geral, acontece apenas quando nos desviamos, esquecendo do bem, escolhendo o ego em vez da alma. É didático.

Nunca estamos sós — e a ajuda existe. Ela, porém, é mais sábia do que poderíamos imaginar.

Início

Consciência corporal, respiração e presença no agora. Toda meditação assim se inicia. Veja a técnica na meditação 6 deste livro.

1º passo

Respire ritmicamente, inspirando para encher totalmente o tórax e os pulmões, e então os esvaziar até o fim. Faça isso várias vezes, rapidamente. Sinta os efeitos.

Então relaxe a respiração, e a deixe fluir naturalmente.

2º passo

O significado e o sentido.

Encontre, em você, a lembrança sem palavras, a certeza de que você nasceu por um motivo, que a alma sabe qual é.

Entender o caminho não é necessário para caminhar.

Sinta, no profundo da consciência, que não há coincidências. Abra-se a uma conexão com algo maior. Eleve o pensamento, abandone suas dúvidas, até se sentir abençoado.

Permaneça naquela vibração.

3º passo

Como uma criança amada, encontre em si a vibração de estar protegido, feliz e entregue: abençoado. Sinta ali a pureza que existe ao não ser julgado.

Essa vibração, comum nas crianças, é uma das mais intensas e cristalinas.

Sinta essa energia, e deixe que ela brilhe em você — mais intensa, e mais intensa, e ainda mais. Sustente-a o quanto puder.

Ela devagar se transforma em confiança e gratidão.

Quando sentir que deve, retorne devagar da meditação e, por algum tempo, deixe que esta meditação ecoe em você, leve como uma amada criança.

o monge e o muro

Ele estava sentado na grama, tentando meditar. Queria ser parte daquele monastério. Ou achava que queria, não tinha muita certeza. O que ele sabia sim é que a vida que ele tinha tido, até então, não bastava.

Não importa se isso aconteceu há poucos anos ou há muitos séculos. O teste era sempre o mesmo: o muro de pedra e a chuva.

A tarefa era estar ali, sozinho. Até ser convidado a passar o dia no monastério, ou até quando a noite caísse. Acompanhado apenas pela sua mente inquieta, o jovem ficava em frente ao muro, para contemplar e meditar. Por horas, e por dias, e por semanas.

Às vezes, cheios de gentileza, os habitantes do monastério traziam conversa, incentivo, e bem-vinda comida. Às vezes.

Era uma prova tão simples quanto era difícil. Não seria julgado por ninguém, não haveria nota alguma. Para ser aceito e tornar-se integran-

sinta a pureza que existe
em não ser julgado,
o amor da alma.

te daquele antigo e respeitado lugar, não seria entrevistado sobre sua sabedoria ou seus estudos.

Ficaria apenas ali, na frente do muro, meditando, até ele próprio descobrir seu próximo passo, ou ser convidado a entrar de vez. Um dia, o Buda havia enfrentado a sua própria mente; e cada um ali também teria que enfrentar. Talvez o jovem descobrisse que aquilo não serviria para sua vida — e tudo bem. Ou talvez, com enorme força de vontade, ali decidisse ficar — e tudo bem.

Um desfecho possível seria levantar-se e ir embora. Outro, o que buscava, era mudar sua vibração e energia, o que traria uma paz que seria percebida por todos, que o levaria a ser um dos monges dali.

O amanhecer chegava cedo, e ele já estava meditando quando o sol, preguiçoso, se levantava.

Seus olhos estavam fechados. Pensamentos vinham e iam, circulando na mente. Alguns vibravam energia leve, bela, pura — estes o jovem deixava ficar por mais tempo. Outros eram incertos, insistentes e inquietantes — e ele os afastava. No vazio entre os pensamentos, a sensação plena. O silêncio, por pouco tempo.

Controlava a atenção, como havia aprendido, e como dava.

O ar era puríssimo; pelas narinas entrava a vida ao redor, odor da floresta e suas árvores incontáveis, de riachos e rios, cachoeiras e lagos. Tudo cheirava a mata, orvalho e dia nascente. Às vezes, ele sentia o aroma distante e adocicado do incenso que ardia no templo. Raios de sol incidiam por entre folhas e galhos, na intensidade bonita do amanhecer bem-vindo.

Sabia silenciar a mente... mais ou menos. Conhecia a postura correta, seguindo a curvatura natural da coluna, ereta porém confortável, os ombros para trás e os dedos das mãos se tocando levemente. Conhecia uma respiração, das muitas que aprenderia, que aprofundava a consciência. Conhecia técnicas e métodos.

Porém, meditar não é saber — o conhecimento é a entrada e o início. A meditação é ser, e assim a prática importa mais do que a teoria.

Conhecer uma meditação é bater à porta de um lugar novo da consciência — que então tem que ser experimentado.

Quando mergulhamos no mar, sentimos a água. Mas não será nunca necessário entendê-la para ter o prazer de sentir as ondas batendo no corpo, o deleite e a sensação de tocar a natureza, o sal da água, o sol. Viver é mais do que apenas o entendimento, e assim também é a meditação.

Ele, que já tinha o conhecimento, estava pronto para meditar e entrar no novo. Era o desafio.

Conhecer, sentir, silenciar — e então ser.

a prova silenciosa

A vegetação viçosa era alimentada por chuvas torrenciais, pés-d'água, tão intensos quanto os períodos de sol brilhante. O muro era apelidado de "muro da chuva" por isso. Ali ficavam os iniciantes. Enfrentariam a mente emaranhada e os conflitos que traziam. O inimigo era interno e a tarefa, invisível. As pedras do muro da chuva eram cobertas de musgo e limo, irregulares e únicas em sua beleza. O moço decorou cada uma delas.

Ninguém conseguiria ficar ali incessantes horas, sempre meditando. Uma boa meditação não precisa ser longa: ela precisa ser intensa. Aqueles que desafiavam o muro se levantavam, caminhavam; esticavam as pernas. Para descansar à noite, havia cabanas próximas, fora do monastério.

Antes da alvorada seguinte, o desafio estaria ali, o muro — a mente para ser conquistada. Aqueles cujo coração ardia, querendo trilhar este caminho, eram testados. O sol nascia; o sol se punha. Dia após dia. Semana após semana.

Meditava. O ar entrava suave e frio pelas narinas. Controlando a respiração, ele serenava a mente. Devagar, os sentidos se organizavam e despertavam. Sentia cada músculo com percepção plena; sentia o tato do pano rústico das vestes sobre a pele nua, a brisa na cabeça raspada livre de cabelos e pensamentos.

O próximo passo era mergulhar na percepção profunda, abandonando os cinco sentidos físicos. Se abriria à percepção dos sentidos sutis, internos, que despertam na meditação.

meditar não é saber.
a meditação é ser.

conhecer, sentir,
silenciar — e então ser.

Sentia a própria presença. Sentia os *nādīs*, canais de energia correndo intensos pelas pernas, pelos braços, o corpo todo. Aprendera a não hesitar nem duvidar: apenas sentia.

Observava o que existia ao redor como uma descoberta surpreendente: à medida que a percepção se afinava, um instrumento bem treinado, a própria floresta mudava. Ao perceber diferente, a experiência era diferente. A cada hora, ele percebia mais as energias, sons, odores. A cada dia, sentia a verdade daquele contato, livre das ilusões da vida viciada.

Começava a ver cores e luzes, suaves e leves. O mestre havia ensinado sobre a visão interior, a percepção de energias brilhantes, de chakras e tantas coisas mais, sagradas e misteriosas. Falava de uma luz intensa, brilhantíssima, que o meditador iria ver no salão atrás dos olhos, dentro do crânio, na câmara da consciência chamada de *chidambaram*. O jovem só via uma luz tênue, com esforço, um tímido luar. Mas insistia.

A natureza falava com ele como ela nunca havia falado antes.

Um propósito verdadeiro o embalava.

As energias começavam a se mover. Espirais de energia apareciam às vezes. A paz dava o ar de sua graça.

A vida fazia sentido. O moço meditava. À frente, o muro; e caía a chuva.

meditação 14: a divina presença

10 minutos

Aprendizado: *O simples sagrado*

Em vão a humanidade busca o divino, o sagrado, no mais distante — acima das nuvens, no céu, no monte Olimpo. Em algum lugar, mas nunca aqui; ou assim dizem.

O que há de mais divino e sagrado está na essência de todas as coisas, e, portanto, está em você.

Início

Consciência corporal, respiração e presença no agora. Toda meditação assim se inicia. Veja a técnica na meditação 6 deste livro.

1º passo

O mais sagrado, a essência de tudo, está presente.

Sinta isso em cada uma de suas células, nas árvores, nas gotas d'água, na respiração, na caminhada de cada pessoa. O divino está ali, sempre. Está aqui.

2º passo

Você é parte desta vida unida, única, que a tudo toca e tudo sustenta. Sinta-se ativo como um elemento dela, um buscador dedicado que agora desperta.

Medite até essa certeza tomar você plenamente.

a reforma de si

As horas eram muitas; os dias eram longos; e nem sempre meditar era fácil.

Assim como no Buda, muito antes dele, a construções mentais tentavam agarrar a atenção do aspirante a monge.

Dentro do meditador as raivas antigas, tão delicadamente escondidas sob o verniz da intenção pura de ser alguém melhor, atacavam. Os pensamentos vinham incontroláveis, as memórias ganhavam vida e faziam-se presentes. Como animais ferozes, pensamentos cortavam com garras e presas. Ele sentia o hálito quente da fúria que havia guardado, de todas as frustrações explosivas. As bestas ferozes atacavam. Eram seus pensamentos; era dele, era ele. Mereceria ser monge?

Às vezes, depois de alguma chuva, quando se encolhia dentro de um guarda-chuva velho e grande, o desconforto vinha. Quando os olhos se fechavam, o moço se lembrava do conforto e do acalento. De namoradas belas, de carícias e deleites, de perfumes e sedas.

Os monstros da mente sussurravam. "Você deseja ser monge porque não sabe viver no mundo", dizia um deles, destilando covardia. "Você irá se arrepender irremediavelmente e será tarde", dizia outro pensamento-monstro, cheio de medo. "Você é imperfeito e finge sua luz", ouvia. Estava escolhendo a vida certa?

Como todos os meditadores, ele enfrentava a mente. A atenção balançava, como uma bandeira ao vento forte.

Lembrava-se de sua avó, toda amor e ternura, cujas conversas e abraços o haviam envolvido desde sempre. A alegria do olhar dela para ele era radiante, abria o coração. A perspectiva de nunca reencontrar a avó amada, ainda viva, doía.

O muro era às vezes frio, desafiador e cortante.

Mas outras vezes, algo bem mais positivo o tomava. Era incandescente. O brilho de encontrar a caminhada autêntica, o propósito, o que viera fazer na vida e lhe aquecia o coração. Amar, amar mais; amar com clareza e simplicidade.

Em meio à prova, o jovem se lembrou de um *mahāvakya*, aquelas frases mágicas, mestras, que ensinavam muito em poucas palavras. Era esta: *meditar é controlar o fluir dos pensamentos.*

Quando a atenção está liberta, ela também está mais protegida de tendências, emoções e preconceitos; e dos monstros da mente.

A atenção livre na meditação é chamada de *niīmf*. É a fluidez da atenção pura. Como a mente de uma criança interessada em aprender, como a atenção de um cientista curioso, leve, aberta, ampla. Sem julgamento.

Como o Buda, muito antes dele, o monge fazia os pensamentos pegajosos e pesados fluírem para longe; focava a atenção naqueles que tinham a mais elevada vibração; alongava o silêncio entre eles. Buscava a liberdade da atenção chamada de *niīmf*.

Trabalhava em si, como um guarda de trânsito, como quem abre e fecha uma torneira. Buscava o vazio e o silêncio... mas a mente oscila naturalmente, e em algum momento algum pensamento inevitavelmente precisaria ficar, para o meditador iniciante. Se fossem de alta vibração, os deixava fluir devagar, para perto do foco da mente: os aceitava por um pouco de tempo, se abria a eles, lhes permitindo ressoar como se fossem música — o enchiam de coragem e esperança. Então sua atenção ia às trilhas sagradas do monastério, imaginando-se andar pelos caminhos entre as árvores anciãs e as flores que acabavam de se abrir. De olhos fechados, visitava a cachoeira, onde a intensidade do sol batendo nas gotas de orvalho se estilhaçava em raios coloridos.

Mas ia longe demais, se afastava do objetivo. Controlava o fluir da mente, e então voltava: respirava, e buscava de novo o vazio.

Quando vinham pensamentos negativos, evitava que fluíssem para o centro da atenção ou, pior, ali permanecessem. Cuidava para que a atenção não ficasse presa ali.

O meditador não pensa apenas em coisas boas. Isso seria imaturidade, uma tolice. Mas, para olhar os pensamentos mais negativos, o monge primeiro visita aquilo de que ele tem certeza — o essencial em si.

O monge precisa ser sincero, principalmente consigo. Todos os pensamentos contrários precisam mesmo vir. O que eles não devem fazer é nos atropelar, nos dominar, ou clamar por atenção fora de hora.

Um meditador experiente, antes de refletir sobre algo negativo, primeiro busca a veracidade e a força do que há de mais iluminado em si. Mergulha em suas certezas, no seu propósito e na sua verdade como a entende. Aí então ele retorna — corajoso mesmo com medo — para visitar os pensamentos pesados.

Alguma razão esses pensamentos têm, mas trazem distorções e enganos. São tristezas fundadas e infundadas; terrores sem sentido; culpas sem justificativa; amargores e solidão. Cada um deles ensina algo, ou traz uma tarefa. Perdoar alguém; ou se perdoar. Amar mais e maior. Entender a vida como um caminho.

Mas se uma pessoa neles mergulha e se perde ali, levará tempo para se lembrar de quem é — demora para voltar para a liberdade da atenção. Quem tem treinamento leva horas, mas há quem leve anos, até a vida toda, por não saber que pode controlar o fluir dos pensamentos.

O jovem na frente do muro ia desfazendo seus nós. Como gelo, que se derrete rápido ao sol, as escuridões pesadas da mente também se dissolvem à luz da consciência que se expande. Ele aprendia e perdoava-se. Chorava, às vezes.

Controlava o fluir de seus pensamentos.

Então ia além dos pensamentos em si: sentia o momento presente. Mergulhava no silêncio. Ele era, existia — e só.

Quando voltou, respirando fundo, da longa meditação, estava diferente. Muitos dias se passaram, com o coração cheio de esperança e a mente fluida. Algo mudou nele: para melhor, para sempre.

E foi assim que ele, como muitos outros antes e depois, passou na prova do antigo muro da chuva.

SÉTIMA DESCOBERTA: O MONGE E A MÁGICA

O monge era velho, de longas barbas brancas. Chamavam-no de mestre — o que ele ouvia como um dever, mas tinha a sabedoria de não achar que era.

Sabia daquilo que não sabia.

Acreditava intensa e profundamente na força do não saber, a abertura plena, um mar onde o ego se perde e a intuição impera. Só quem não sabe é que pode aprender. Vivia como havia observado e percebido, há tantos e tantos anos: aceitando o prazer intenso da descoberta, quando não há medo do novo nem apego ao antigo.

Uma frase belíssima o impressionara desde cedo, monge jovem, de corpo viçoso e mente agitada: no *Tao Te Ching*, ele leu que "a utilidade de um jarro está em seu vazio". Tentava ser assim, para receber as bênçãos do céu que caem como chuva; para deixar o ar ventilar as ideias e conceitos; para estar pronto para abrigar algo maior e mais importante do que ele. A mente atenta e rápida; a mente limpa.

Sua liberdade vinha da possibilidade de abraçar sempre o vazio, a flexibilidade. Não era rígido por acumuladas conclusões: era forte por vividas experiências. Até o seu corpo refletia isso, com poucas tensões, com o sorriso discreto e leve, rugas suaves, tendões e músculos disponíveis e soltos. Era ágil para sua idade.

Mesmo leve, ele tinha as suas responsabilidades.

Para os monges jovens, ele era o líder. Decidia, orientava e comandava. Da sua palavra vinham as regras que regiam as atividades diárias e as tarefas dos muitos e dedicados discípulos, todos eles. Para os novos, que achavam que ser monge era seguir à risca a tradição e a disciplina. Para os mais experientes, que entendiam que ser monge era viver os resultados da tradição e da disciplina. E para ele mesmo, para quem ser monge era o estado da consciência onde simplesmente se é.

Andava pelo monastério, silencioso na maior parte do tempo. Certas vezes ensinava pelo exemplo: alçava mãos em uma vassoura e limpava o chão que havia sido negligenciado. Ou ria, para aliviar o ambiente, ensinando que a alegria vem da alma. Abraçava o aspirante a monge que sentia saudades de casa. Tocava gentilmente as plantas da horta, agradecendo a participação delas em dar alimento e vida aos moradores. Ensinava nas aulas, e guiava as meditações. Sua voz, como aprendera, carregava sua vibração do coração: era suave e firme, ecoando dentro de quem o ouvia.

Todos, ou quase todos, achavam serem essas as tarefas do mestre.

Mas aquilo que se via ali era apenas a pequena parte óbvia, a borda evidente. Aprendera a vida secreta da consciência de monge. Energias existem antes da matéria; elas influenciam fatos e acontecimentos, destinos e rumos. Era o guardião invisível da energia do monastério.

Sentava-se, às vezes, no cansado banco de madeira gasta que havia no pátio. Ali meditava; mesmo quando nevava ou chovia. Alguns acreditavam que ele estava ali para dar exemplo; outros, porque gostava de meditar. Não era isso.

Naquele pátio, há tantos anos, limpando o chão com um pano úmido feito de vestes velhas, ele havia tido a sua primeira experiência de *satori*, um dos muitos degraus da iluminação. Em um momento mágico que resulta das meditações, mas acontece fora delas, ele vira o mundo com outros olhos. Tudo, absolutamente tudo, fizera sentido.

Naquele instante, as tábuas manchadas e escuras do chão eram perfeitamente imperfeitas em sua poética beleza, transitórias, mas eternas na sua lembrança. Olhara para o céu e contra a luz brilhante do sol vira um pássaro; com os olhos ofuscados, entendera que aquele voo belo e passageiro jamais se repetiria, era um presente, era o momento presente. O seu coração então se abriu; em um amor inexplicável, sem direcionamento nem dono, ele amava a vida. A ordem cósmica se mostrava evidente e inegável. Tudo tinha um motivo, nada era o acaso. Ele sentara-se, atordoado. A mente havia se expandido tanto que ele não conseguia ter pensamentos. Ouvia vozes distantes de pessoas trabalhando e rindo, e apaixonava-se com doçura por cada uma delas: não se encantava com as pessoas como eram por fora, mas amava a única e ímpar caminhada que cada um fazia rumo à luz. Estava atônito. Era finito e infinito, na ausência do tempo.

Respirava ofegante, um tanto assustado.

Em uma névoa de percepção, ainda confuso, sentira seu professor chegando, o mestre daquela época. Que se abaixara gentil, o acolhera e colocara a mão em seu ombro.

— Satori? — o futuro mestre perguntara em dúvida.

— Satori — o mestre de então respondera com um satisfeito sorriso.

— E agora? — o aluno queria saber. — Tudo está diferente — disse.

— Agora tudo estará diferente sim, para sempre. Não apenas em você. Cada pessoa que rompe os véus da ignorância crava e sulca a energia que envolve a humanidade, a transforma e molda, a marca, como quem abre uma trilha na mata fechada, que servirá para a caminhada de outros depois. Atingir esta experiência será mais fácil para aqueles que ouvirem suas palavras, ou estiverem ao seu redor, ou limparem este chão. Depois de uma experiência profunda de compaixão no coração de qualquer meditador, a própria compaixão será mais fácil de ser alcançada por quem quiser, a começar pelos que estiverem mais próximos dele. Esse é o serviço secreto dos mestres. Somos todos transformadores e emissores de energia; a sua acaba de alcançar ainda mais longe. E agora — disse, levantando-se —, ainda há metade do pátio para limpar.

O aprendiz, que um dia seria o mestre, continuou esfregando.

a energia comanda a matéria

O mestre que guiava aquele monastério entendeu, décadas depois de sua iluminação limpando o chão, que a energia é mais real do que a matéria concreta.

Era esta a mais importante função dele, para ajudar todos: criar, manter e estabilizar a energia.

Secretamente, com silenciosa mas determinada dedicação, ele meditava. Dentro de si via cores, via luzes. Trabalhava-as como um artesão.

A mente obedece; o que era imaginação é criado como energia.

O que for visualizado é, nos primeiros momentos, apenas uma imaginação. Mas é também um comando que logo é obedecido. Ao manter a intenção, com a mente inspirada e dirigida pelo seu foco, a sua energia começa a vibrar de acordo com o que for determinado pelo meditador.

O mestre sabia disto: meditava.

De olhos fechados, aparência serena e mente quieta, o mestre influenciava todo o monastério.

O principal, sempre, era a vibração que vinha dele. Se ele se desequilibrasse, a energia elevada que da sua alma vinha começava a sumir. Sem entender, os monges ao seu redor achavam as meditações mais árduas, o controle das emoções mais difícil. Ele, o mestre, certamente às vezes tropeçava, era humano como todos nós, e tinha as suas falhas. Conhecedor das sutilezas da energia, ele sabia que poderia descansar, mas nunca desistir. Retornava.

Com a mente vazia, dentro de si, deixava a voz da intuição falar. Sentia como estava aquele ou este monge; sabia sem ter sido avisado. Com a firme intenção, enviava luz e vibrações, e os ajudava a livrarem-se das pesadas vibrações dos nós do inconsciente. Intensificava a vibração elevada do monastério. Visualizava dentro da mente aquilo que ele queria criar: via a nova ala que seria um dia construída na matéria, mas que existia já nele, em detalhes. Enchia as árvores de luz suave, pertencentes à natureza que ele amava tanto; e recebia delas proteção e cura. O mestre silencioso alcançava, dentro dele, aquilo que ninguém mais ali conseguiria atingir, os estados mais sublimes da consciência, *satori e samādhi*; e assim os fazia disponíveis para todos.

A sua maior utilidade era a energia que dele fluía.

moldar o destino

A instrução que nos guia a meditar, vinda de um livro ou de uma voz, que diz "crie com a mente uma luz verde dentro de você", não é apenas uma sugestão simbólica. A tal luz imaginada se torna uma luz real na sua energia.

A mente trabalha com símbolos. Criando e mantendo a luz verde, a energia associada à cor — que vai muito além da aparência visual — se espalha pelo meditador. Ela vibrará, e vai trazer harmonia, vitalidade, equilíbrio, saúde. Um verde-claro suave estabelecerá em nós um leve amor pela humanidade, pela natureza; o verde intenso, a busca da justiça sábia;

o verde brilhante quase branco, a cura. Mesmo sem conhecer estes significados, o meditador irá sentir os efeitos do que criar, como se mergulhasse em um aquário feito com a energia que sua mente determina.

A dúvida é inimiga: será que eu criei mesmo ao imaginar? Será bobagem? Será?

Dentro da própria meditação vem a resposta.

Meditar é concentrar-se; controlar o fluxo dos pensamentos; e observar-sentir. Qualquer pessoa que conseguir sustentar a vibração do foco da meditação – como neste exemplo, a bela cor verde – e controlar o fluxo dos pensamentos, mantendo-se nela, irá portanto observar e sentir sua vibração, sua qualidade e seus efeitos.

Sentirá a cor crescendo, intensa, em si. Identificará a harmonia que ela traz. Os efeitos são claros e evidentes. Por outro lado, se tiver dificuldade, ou se outra cor aparecer, isso nos conta algo do subconsciente de quem tenta meditar. É real, e não precisa ser concreto nem um objeto palpável para existir.

Imaginar é sempre gerar um comando para a energia em nós, a nossa aura, mesmo involuntário. A concentração aumenta a intensidade, e a hesitação e a inconstância diminuem. Mas aquilo que se inicia no imaginário irá, se a atenção for mantida, se transformar em ondas de energia, e sementes de realidade concreta.

É assim que o futuro de cada pessoa é criado, de três vertentes: *um*, a energia que vibra em você; *dois*, o seu karma; *três*, as bênçãos que vêm do Alto e da alma. Tudo, absolutamente tudo, assim é criado na nossa vida.

Há muita coisa que parece karma, mas não é. É fácil ver isto nas outras pessoas, mas difícil reconhecer em nós. Relacionamentos ruins que se repetem mesmo que os parceiros mudem; um suposto azar no trabalho de emprego em emprego; padrões repetidos e insistentes que parecem não deixar a pessoa em paz. Mas também podem se repetir sucessos e vitórias; ou momentos de suavidade e autocontrole. As recorrências, positivas ou negativas, são resultantes da vibração daquilo que chamamos de sementes na mente da pessoa – energias fortes, em geral inconscientes, que podem ser dissolvidas ou semeadas na meditação, como muitas práticas neste livro ensinam.

meditação 15: as cores da energia

10 minutos

Aprendizado: *Cores e vibração*

Tudo é energia. Ela sempre vibra, o que dá a ela características: assim como a água, que se torna líquido ou vapor, limpa ou suja, também a energia se apresenta de muitas maneiras diferenciadas pela vibração.

A mente humana sutilmente percebe vibrações como cores. Cada uma delas é expressão de algo. O medo, por exemplo, cria ao redor da pessoa uma energia acinzentada, fria, visível para quem é treinado a vê-la. A raiva traz um vermelho-escuro; a compaixão, um brilhante vermelho-rosado.

Essas energias, cada qual com a sua vibração, podem ser escuras e opacas — se nelas faltar luz — ou claras e límpidas. Têm significados diferentes dependendo da cor, do brilho e da intensidade, observados com a terceira visão treinada. Para o meditador, não é nada importante ver isso nos outros — e sim, de olhos fechados, notar suas energias internas.

Ao transformar, com dedicação e a força da atenção, uma energia de uma certa cor dentro de si, você também altera a qualidade de seu estado vibratório. É assim que quem medita se limpa daquilo que é pesado e ruim.

Início

Consciência corporal, respiração e presença no agora. Toda meditação assim se inicia. Veja a técnica na meditação 6 deste livro.

1º passo

Lembre-se do céu azul de um belo dia de inverno, infinito, amplo.

Crie esta luz colorida dentro de você. Ela se espalha, tomando braços e pernas, tronco, cabeça, pele. Você fica, inteiro, de um azul claro e puro.

Sinta a espiritualidade que ele traz, uma sensação de tranquilidade e expansão.

Quando a sua mente tentar trazer novos pensamentos, permaneça na vibração do azul: lembre do céu, do mar, das águas, de tudo que seja desta cor. Abandone então as formas, e fique apenas com a cor.

Dentro de você, uma luz azulada flui, uma energia quase líquida criada pela meditação. Permaneça na paz dela.

2º passo

Mude gradualmente a luz azul para violeta, com o seu comando.

Faça com que o violeta vibre em você, atrás dos olhos, na cabeça, e depois em todo o corpo.

A cor violeta tem duas funções. Ela transforma, alterando a forma; e transmuta, alterando a essência — de cada pensamento, assunto ou aspecto da vida.

Encontre em si mesmo pensamentos pesados, memórias incômodas, sonhos mal resolvidos e o que mais precisar ser mudado. Sentindo intensamente a cor violeta vívida e brilhante, a leve para cada local destes, dentro de você. Esses pontos são escuros e densos, alguns na profundidade da mente; e outros em partes do corpo. Com a intenção firme, faça o violeta brilhar ali até dissolver o núcleo de energia pesada. Mude as cores escuras para cores claras. Sinta o antigo se desfazer.

Continue, visitando quantas energias quiser para transformá-las e transmutá-las.

Volte lentamente da meditação, respirando profundamente, mantendo a paz do azul e sentindo a potência do violeta.

a via da criação

Quando um aluno não tem certeza se meditou, eis a pergunta que a ele fazemos: algo mudou? Se ele sente mais paz, ou alguma diferença, específica ou vaga, é porque meditou. Nada vem ex nihilo — nada acontece do nada. Tudo tem um motivo, e se há consequência é porque existe a causa, e a meditação causou o que ele sente. Em quase tudo, a causa começa pela energia.

Tudo o que é criado por nós será criado primeiro na mente.

A ordem é esta: *impulso, pulso, criação, manifestação, concretização.*

O *impulso* é frágil, sublime. Pode ser uma ideia, um sussurro da alma, uma sugestão do alto. Pode até mesmo nascer de nossos desejos ou impressões, da nossa história e memórias. A qualidade vibratória será bastante diferente, mas a fragilidade será a mesma. A maioria do que seria a novidade, a criação, se desfaz nesta etapa, e não resiste a críticas mentais que nós mesmos fazemos, nossos medos ou covardias; ou, às vezes, não há a sustentação da atenção que daria continuidade.

Quando conseguimos manter a ideia, ela *pulsa*. Algumas se tornam aquilo que chamamos de sonho; um objetivo distante, algo que não poderá ser concretizado, que mesmo assim permanecerá na mente. Outras serão planos reais, vontades firmes de um futuro a ser manifestado. Pulsar depende da concentração, da energia que alimenta e visita repetidas vezes a ideia que queremos um dia concretizar.

Ainda na mente, se inicia a *criação*. Ela não será sempre benéfica; nós temos que tomar cuidado com aquilo que criamos. Nascida de um pulso que repetidas vezes a energiza, a criação vai tomando forma. De uma ideia amorfa e vaga, ela vai se enriquecendo em detalhes, métodos e planos. A criação, para o meditador, ocorre dentro dele. A energia constrói na mente o que irá descer para a matéria.

A *manifestação* é a primeira fase visível para outras pessoas. Ela é a intensidade da nossa energia expressando a ideia já criada em nós; com palavras, atos, esforços, reuniões, revisões, suor e determinação, manifestamos em nós aquilo que leva à concretização.

Finalmente, quando a matéria é moldada e alterada, estará *concretizada* e pronta a iniciativa que tínhamos desde lá de cima, em geral bastante alterada, talvez para melhor.

Quanto mais puro o canal que recebe o impulso, quanto mais concentrada a vibração do pulsar, quanto mais nítida a criação e intensa a manifestação, mais fiel à origem e puro será aquilo que for concretizado. O mestre sabia disto.

os poderes do sábio

Na sua meditação naquele antigo monastério, o monge de longas e brancas barbas mergulhava no silêncio. Tornava-se vazio. Controlava a respiração. Encontrava a presença de si mesmo, a expressão da alma. E então trabalhava com afinco as energias, as percebendo e tecendo, as delimitando e mudando. Investigava o universo interno, as emoções e pensamentos, e dissolvia aquilo que impedia a sua luz de brilhar. Movia os cinco *prānas*, os sete raios, os trinta e seis *tattvas*, métodos avançados que havia aprendido. Trabalhava na energia que precede a criação do mundo externo, e interferia naquilo que iria acontecer. Com profundo conhecimento da ordem de *impulso, pulso, criação, manifestação, e concretização*, ele energizava aquilo que ele queria que acontecesse, o melhor futuro.

Somos, todos nós, senhores de nosso destino e caminhada. Não é um domínio absoluto: há o que aconteça conosco que é inevitável — definido antes de nós nascermos, pedras fixas e imutáveis da nossa caminhada em que teremos que pisar. Isso é, realmente, destino. Mas o caminho entre cada pedra dessas é livre. O que acontecerá depende de nós, em nosso livre-arbítrio.

O nosso destino pode ser, por exemplo, encontrar uma certa pessoa aos nossos 39 anos e nos encantarmos com ela. É algo firme, uma pedra em que teremos que pisar no caminho, um acontecimento inevitável. Mas o que acontecerá entre nós? E depois? Isso cabe a nós, em nossas escolhas livres, nossa energia, e à trilha que nos tiver levado até aquele momento.

Podemos decidir, é verdade, com os nossos pensamentos e ideais, nossas virtudes e reflexões. Decidimos quem somos, a quem amaremos, o que faremos. Aquilo que existe na nossa mente determina o nosso futuro ao gerar as nossas atitudes, crenças, hábitos e, portanto, nossas decisões e obras. Mas, para aquele que medita, é mais do que isso, porque a energia está tão próxima da causa das coisas que será ela que irá definir aquilo que vai acontecer. As tais coincidências são, na verdade, o lado visível da movimentação da energia invisível. Quem observa a vida sabe que, quando a energia muda, pequenos eventos físicos se alteram — e a vida toda muda de rumo.

É mais do que definir o rumo da sua vida concreta pelas decisões: é determinar a sua caminhada interior rumo à sua luz.

Dependendo da sua vibração, pequenas alterações ocorrem, com grandes repercussões. A luz sutil atua determinante na matéria bruta. Como se a vida fosse uma partida de tênis, e a bola que quase caiu de um lado da rede cai para o outro — e muda tudo. É assim que o futuro muda, o que chamam de "acaso".

A aura — que é como chamamos o campo de energia ao seu redor — influi sutilmente em tudo o que nos acontece, principalmente naquilo que é pequeno, mas que terá consequências grandes. O carro irá raspar e bater? Ou quase, e será só um susto? Aquela pessoa maravilhosa que eu precisava encontrar aparece, sem termos combinado? A tal da sorte começa a definir a vida ao meu favor? Tudo aquilo que dizemos que aconteceu por pouco, o *quase* e o *acaso*, as "coincidências" que de coincidência nada têm — tudo isso foi definido para lá ou para cá como resultado da energia que emana de você, a aura.

A sua energia cria sua vida e altera a realidade ao seu redor.

Quando fluímos na intuição, vibrando além da tridimensionalidade da matéria, as sincronicidades tornam-se óbvias. Pensamos em uma pessoa, e ela nos liga. Sentimos uma intuição; entramos nela com a atenção... e algo mágico acontece quando seguimos o fluxo que ela nos sugere ao coração. Não é apenas a percepção atenta da realidade sutil — é a ativa criação de uma caminhada alternativa, maior.

Para que isto aconteça, não é necessário apenas imaginar — o estágio do impulso. A descida daquilo que havia no alto só se completa se há uma constância, a atenção concentrada, continuada. Dia após dia, mês após mês, o que é que vibra em você? Qual o impulso e qual o pulso?

A grande maioria das pessoas abre mão do seu poder de criação energética por isto. Não entende as regras; acha que imaginação será apenas uma ilusão; ou não sustenta a atenção focada.

o quase e o acaso, as "coincidências" que de coincidência nada têm — tudo isso foi definido pela energia que emana de você, que cria sua vida e altera a sua realidade.

A vida é energia, que dança. Acima dela, a alma. Abaixo dela, a matéria. Somos isso tudo.

Cada ser humano é imensamente mais poderoso do que imagina ser. A força que cria para o nosso bem pode, se não houver cuidado, também gerar tristeza, nos ferir, e até atrapalhar a caminhada da evolução. Podemos manifestar tanto o que é de elevada vibração quanto aquilo cujo impulso é impuro, vindo de raivas ou culpas. É preciso ter sabedoria e discernimento.

criar com os fios sutis

Vivendo secretamente, o mestre continuava as suas meditações. Ele mudava o futuro e o destino sutil do monastério, dele e das pessoas.

O não-saber que ele amava não significava desconhecer as técnicas. Rejeitava as conclusões rígidas, mantinha o jarro aberto, mas claramente dominava os métodos e os usava com afinco. Era artesão das energias. Para ele a vida era um ensaio. Por não saber, adaptava-se ao momento. A mente mais plena de luz irá ter uma compreensão maior no dia seguinte, sempre; para que levaria as certezas de hoje até a alvorada do amanhã?

Meditava, sentindo que era velho, mas sabendo que estava apenas começando. Com a dedicação em busca da elevação, o ego se desfazia. Percebia que importante era a vida que em tudo fluía, e não a definição que ele tinha de si mesmo. Ele estava nas plantas, nas madeiras das paredes do monastério, nos novos alunos, nas palavras que ecoariam repetidas e decoradas pelos séculos. A alma é imortal; mas a energia tem também a sua permanência além da personalidade — contanto que aceite ser transformada, mudada a cada dia, por cada gota de chuva que erode, por cada frase falada diferente. O ego é rigidez; a alma é flexibilidade pura.

Sentia o impulso de cada evento que precisava acontecer, dito em palavras delicadas pela intuição, a voz da alma, de acordo com sua tarefa e propósito. Uma nova ala no monastério, uma árvore a ser plan-

a vida é energia,
que dança. acima dela,
a alma. abaixo dela,
a matéria. somos
isso tudo.

cada ser humano é
imensamente mais
poderoso do que
imagina ser.

tada, ou a aula a ser dada para um aluno. Ouvia. Então deixava aquilo pulsar em si: a ideia ia se formando, na imaginação suave. Começava a criação; ele via com clareza, dentro da mente, cada detalhe do que deveria ser feito: e assim energizava a ideia, e criava o futuro. Depois, viriam manifestação e concretização, mas ele havia já encaminhado a energia, de si para o mundo.

O mestre era grande, um comandante das energias. O mestre era pequeno, um jarro vazio; nele a alegria de uma criança.

Por tanto trabalhar com a energia, ele ia se soltando, dissolvendo até mesmo os conceitos que tinha sobre ele próprio. Era a luz brilhante, intensa, que importava: não mais ele como pessoa. Ele se sentia a energia em si.

Ao dissolver seu ego, ele amava mais. A compaixão crescia. Ele se identificava nas ansiedades dos monges novos, nos desejos deles a serem transmutados, nas encarquilhadas teimosias dos outros velhos e suas dores das juntas, na madeira confiável que sustentava o teto, no gentil carvalho que balançava na chuva e no vento. A energia vinha da consciência, e em tudo fluía.

Ele, ao ser tão completamente o nada, era tudo.

meditação 16: a permanente impermanência

10 minutos

Aprendizado: *Controlar o fluxo do que permanece*

Nada é permanente além de seu ser mais profundo, a sua alma.

Suas opiniões, suas alegrias, seus desejos, seus problemas, sua casa e seu corpo — todos, eventualmente, passam.

Alimente a relativa permanência daquilo que você escolhe, e ao mesmo tempo aceite a impermanência de todo o resto.

Início

Consciência corporal, respiração e presença no agora. Toda meditação assim se inicia. Veja a técnica na meditação 6 deste livro.

1º passo

Silencioso na mente, tendo encontrado a sua presença, permita que os pensamentos passem à sua frente.

Dissolva os pensamentos impermanentes, aqueles que terão pouca importância quando o necessário tempo se passar.

Quando, entretanto, vier um pensamento que você escolhe manter em si mesmo, algo que faz você melhor, que define a sua vida, aceite a impermanência da forma dele — mas energize a essência.

Qualquer relacionamento é impermanente — mas amar é mais permanente.

Um emprego pode ser impermanente — sua carreira é mais permanente.

Dissolva as formas, e mergulhe na essência em busca da permanência do que importa em você.

2º passo

Sinta em si o silêncio do vão entre os pensamentos, sejam sobre a permanência ou a impermanência. Aumente o tempo entre cada pensamento.

A consciência nua fica evidente. Sinta como ela é o que existe de mais permanente. O mundo é transitório, a consciência não.

Quando a paz se estabelecer em seu coração, termine de meditar suavemente.

o ego é rigidez;
a alma é flexibilidade
pura.

4.
A simplicidade

OITAVA DESCOBERTA: O SIMPLES É TUDO

Queria viver uma vida simples.

A simplicidade sempre foi uma cura, um bálsamo, um alívio. Uma fonte de reabastecimento e refúgio.

Desde criança eu sabia da força da simplicidade – mas quase esqueci, ao longo da vida. As crianças sabem. Com a sua sabedoria simples e impecável, perguntam:

"Mas por que é que as pessoas não combinam de serem boas?"

"Mas por que é a que a gente não pode cuidar da natureza?"

"Mas por que é que não podemos ajudar todos que precisam?"

Indagam-nos com cortante lucidez, e nós respondemos: "É complicado". A palavra *complicado* vira um código, uma aceitável desculpa esfarrapada para aquilo que nós, adultos encarregados de cuidar do mundo, não temos ousadia e força de fazer – mesmo sabendo na alma que é o certo.

A simplicidade é a chave. Muitas vezes, quando a vida está impossível de ser entendida, quanto mais mudada, precisamos da clareza que nasce da simplicidade pura. Há uma mágica nela: ela dissolve problemas.

A maior parte daquilo que, em nossa vida, nós tememos e que nos prende é atada a algo, em fios interligados e visíveis a coração nu. É ligada a *coisas* – e uso essa palavra crua e indefinida bem intencionalmente. Nenhum de nós tem medos ou ansiedades soltas, sem nome.

Tudo o que prende você está ligado a algo que não é você.

Cada emoção tem um assunto ligado a ela, uma razão, uma coisa qualquer, mesmo que escondida no inconsciente. Quanto mais complexa nossa vida, quanto mais partes nela há, mais fios existem. É um emaranhado difícil de ser entendido e resolvido — daí a complexidade. Quanto mais partes, sutis ou concretas, muitíssimo maior é a dificuldade de organizá-las, harmonizá-las e utilizá-las.

Você é a consciência, diz o meditador. É a atenção no centro dela, e a energia que dela emana.

Todo o resto é uma construção desses fios — a própria palavra, *complexo*, vem do latim *plecto*, que significa tecer ou entrelaçar fios. E embora fios sejam importantes — a roupa que nos veste, o cobertor que nos aquece — eles são também o motivo de nosso lento aprisionamento — a rede, a corda, as amarras que criamos.

O meditador, sabendo-se incapaz de desatar incontáveis nós que existem na nossa personalidade, *em qualquer personalidade*, redefine o que é importante para ele. Redefine sua vida, e descobre ou recria quem é.

Ao desapegar-se de uma parte de si, você renuncia a cada problema e fio vindo dela.

Este é um dos segredos mais raramente falados na busca incessante do autoconhecimento, seja nas consultas desbravadoras do inconsciente com a ajuda da psicologia, seja aos pés de mestres sábios e inescrutáveis.

Ouça: a descoberta de si mesmo, da nossa verdadeira identidade, não é uma resposta... é um potencial. É inspiração e argila, é pincel e tela em branco — não é axioma nem destino. Nós nos tornamos aquilo que amamos, mais do que tudo. Se amamos o sofrimento, nos tornamos sofredores; se amamos a honestidade, nos tornamos honestos; se amamos a luz, vamos nos tornando portadores da luz. E, se amamos a vida, ela nos ama de volta.

Somos a essência sem nome. Ao redor dela, há aquilo em nossa vida que é a nossa verdade, aquilo que nos faz cintilar e vibrar, que acalenta o coração e faz brilhar os olhos... e há os restos, o entulho, emoções mal resolvidas, tarefas impostas, opiniões alheias, pesados conceitos e preconceitos, memórias maltrabalhadas. *Coisas*.

É impossível ser apenas luz, aqui na terra. Mas aquilo que forma a sua personalidade e seus conceitos poderá ser próximo da sua essência — e deixar sua luz brilhar — ou distante — e a ocultar.

A busca da simplicidade é libertadora. Ao escolher quais partes são realmente importantes na sua vida, e deixar as outras de lado, uma enorme quantidade de fios se vai, com tudo o que estava ligado a eles. O meditador, assim, acaba se protegendo da caminhada errante em uma busca sincera pela paz, um andar que parece nunca ter fim, em que a gente parece se afogar, ao desatar nó e mais nó.

Há na Grécia antiga a história de Alexandre, menino inquieto, general adolescente, nascido príncipe e tornado rei antes de se tornar adulto. Tinha um professor especial — Aristóteles, que aprendera com Platão — e talvez por isso seja até hoje chamado de Alexandre, o Grande, conquistador de todas as terras conhecidas da sua época, patrono das antigas bibliotecas, fundador de cidades, onda de civilização que tomou o mundo antigo. O rei adolescente um dia visitou a Frígia, no Império Persa. Lá havia um nó feito de tantas cordas e tantos nós menores, tão emaranhado, tão impossível de ser desatado, que havia se tornado figura de lendas e profecias. Diziam que quem desfizesse o tal nó, chamado de nó górdio, se tornaria o rei do mundo. Alexandre chegou, refletiu, tentou. Pensava em silêncio. Subitamente sacou a espada e com força desferiu um golpe que é lembrado até nossos dias: cortou o grande nó ao meio. Estava desfeito o nó, estava cumprida a profecia. Alexandre entraria para a história como o grande conquistador do mundo, rei da Antiguidade.

Encontrar a simplicidade é fazer um estudo daquilo que realmente importa, a partir da pergunta: o que é simples e essencial? Assim nos despimos do que não for — de ideias, conceitos, identidades, vaidades, dores, esperanças vãs, raivas mal-resolvidas, papéis que exercemos, ilusões que mantemos — e, a cada um destes que se vai, lá também se vão fios e mais fios emaranhados, que nos confundiam e atrapalhavam.

Essa é a busca, a verdade da meditação. Você, em sua essência, é de uma simplicidade da qual se esqueceu. A vida vai criando várias partes, que crescem e se tornam complexas, que se entrelaçam e viram complicadas. Algumas destas partes, as mais importantes, compõem até a nossa identidade. Quem seria você, sem seus medos e seus problemas e angústias?

A resposta é: você seria você.

a simplicidade
é a chave.

tudo o que prende
você está ligado a
algo que não é você.

quarto segredo: observação não é julgamento

O mestre do meu monastério nos dava uma tarefa importante dentro de outra banal:

— Vá até os correios levando estas cartas, a pé. Caminhe olhando atentamente cada pessoa. Observe todas e não julgue nenhuma.

O julgamento é uma finalização do processo de observar.

Observar nos faz plenamente atentos; um julgamento tira a atenção daquilo que já está rotulado e decidido. Um abre; o outro fecha.

Observávamos as pessoas no caminho do correio: as pernas, os braços. Os calçados e as roupas, os cabelos. Cada moda, uma expressão da pessoa; cada corte de cabelo, uma tendência; cada passada, uma convicção; e cada tropeço, uma ilusão. A energia que emanavam; a expressão do rosto; a forma do corpo.

Para não julgar — o que mata a observação — é necessário aceitar as muitas informações, e manter o fluxo contínuo delas.

Observar. Entender. Ver. Ao primeiro julgamento, o processo se encerra.

Uma pessoa de roupas amassadas, um pouco sujas, mal caídas sobre o corpo, passou pelo monge que ia ao correio. O julgamento diria: é desleixada e malcuidada.

A observação? Apenas observaria.

E a verdade, às vezes, é outra. A pessoa pode estar gripada e frágil, ou ter acabado de passar a noite com alguém no hospital.

Julgar é uma energia ligada a decidir. E quem, senão o ego, quer decidir sobre tudo e todos, onde não é chamado?

Na ânsia de não julgar, entretanto, muitas pessoas bem-intencionadas que ardentemente buscam a espiritualidade terminam no não-observar, se perdendo.

É necessário captar cada detalhe. Os defeitos sórdidos; as qualidades refulgentes, as manias e trejeitos. Isso é preciso para nos posicionarmos.

Uma pessoa foi observada repetidamente sendo agressiva? Afastamo-nos dela, sem julgar, se não pudermos ajudar. É imprescindível ver a realidade.

O monge observa tudo, sem julgar.

Julgamentos são preciosos, e têm que ser raros. Acontecem nos momentos em que é preciso parar de observar e seguir adiante, em uma grande decisão que precede uma ação firme e determinada. Só assim devem existir.

Este é o segredo: observar mil vezes e julgar apenas uma.

A consciência de monge é assim. Sua faculdade de observação, pura, nasce do despertar da alma e da sua neutralidade, que leva à simplicidade.

quando nada falta

O que é simples é também completo. Se algo essencial estiver ausente, o que restar não será simples. Será incompleto, defeituoso, à espera de algo mais.

A simplicidade não é falta.

A casa que tem goteiras não é simples — é inacabada, talvez rústica. A aula que trouxer conhecimento insuficiente não é simples; um relacionamento superficial não é simples. A simplicidade é um estado de completude, quando nada falta daquilo que é essencial, quando tudo o que for realmente importante está presente — e nada mais.

É um estado difícil de ser buscado, é verdade. Mas é poderoso. A partir da simplicidade, você move o mundo. Sua força, seu foco estarão todos concentrados, e, sabendo com clareza quem você é, sua caminhada fica nítida e sua mente tem clareza.

Eu, você, todos nós já tivemos dúvidas. Escolher é estar vivo, é o livre-arbítrio que o humanismo respeita e que as religiões temem. Fazer escolhas para trilhar o próprio caminho.

Toda escolha é uma renúncia. Ao escolher um lado, você renuncia ao outro. Ao vestir uma camisa você irá renunciar a usar, naquele dia, todas as outras camisas que existem no seu guarda-roupa. Escolher uma trilha é deixar a outra para depois ou talvez nunca. Escolher uma pessoa para amar é renunciar a outras atrações e possíveis amores menores.

Para o monge, isso é normal. Ele abre mão daquilo que ama para alcançar aquilo que ele ama *ainda mais*.

É este o motivo de eu, um dia, ter me tornado monge. Não acordei pensando, puxa, que vontade enorme de dormir sobre uma esteira ao chão, no meio da floresta, sem eletricidade ou água, por anos. Nem encontrei em mim um insaciável desejo de fazer votos de pobreza, segredo e celibato, durante os anos que vivia no monastério. Ninguém, na verdade, tem esses desejos diretamente. Mas aquilo que eles trazem! Ah, são maravilhosos os frutos. A simplicidade, tão buscada. A liberdade da consciência.

Ao amar muito a luz em mim, eu deixei para trás aquilo que eu amava menos. A vida cotidiana, os prazeres, o sorvete, o colchão vazio, as namoradas e tantas liberdades e delícias menores, de que abrimos mão ao ir para o monastério.

Eu tinha certeza daquilo que estava fazendo. Eu sabia o que queria: a vida da alma. Tanto, tão forte e ardentemente, que não havia hesitação; embora sentisse medo e ansiedade, a trajetória estava traçada.

Toda dificuldade de tomar decisões nasce de uma dúvida sobre quem você é.

Se você tem clareza da sua identidade, as decisões são todas fáceis. Cumpri-las é outra etapa, que requer força de vontade e condições, claro. Mas a decisão nasce sempre da sua identidade. Se você é alguém que ama o mar, será fácil decidir ir para a praia e não para a montanha. Se você é ambicioso, irá escolher uma profissão desafiadora e recompensadora. Assim sucessivamente, em níveis mais profundos. Quem é amante da liberdade decide ir pela estrada que diminui suas amarras. Quem é bibliófilo abraça livros e os mundos que eles abrem.

Mas e quando há dúvida?

Você não é monolítico, nem é uma única vibração. Você não é uma conclusão.

você é múltiplo —
você não é uma
conclusão.

toda dificuldade de tomar
decisões nasce de uma dúvida
sobre a sua identidade —
e em cada escolha você
afirma para si mesmo
quem realmente é.

Ao observar as vertentes contraditórias dentro de si, na verdade, você contempla uma dúvida sobre sua identidade. A simplicidade resolve esses conflitos, às vezes com resultados surpreendentes.

Quem é você?

Se você se descobre um aventureiro na sua essência, a decisão óbvia será deixar a burocracia de seu escritório. Mas se você se descobrir um pai amoroso acima de tudo, irá abraçar a tarefa de sustentar a casa com alegria leve. Todos somos de tudo um pouco. Mas o que é que ressoa mais fortemente na sua essência? O que é mais simples, antes da avalanche de opiniões, condicionamentos, cobranças e mentiras leves que nos contamos?

Há pessoas que se viciam em serem complexas, quando percebem inconscientemente que isso as protege. É medo da mudança, ou pior, o medo do autoconhecimento. Algumas inverdades e mentiras são perigosamente confortáveis.

A renúncia é um dos caminhos para chegar à simplicidade. Ela ao mesmo tempo exige coragem — para ser iniciada — e dá coragem — depois de começar. Ao renunciar, o vento da liberdade sopra nas suas velas e dá impulso. E, a cada decisão, você descobre mais sobre quem você realmente é.

A vida floresce com a energia da essência. A cada escolha, você afirma quem é para si mesmo, em um silencioso e potente diálogo. Cada escolha nossa nasce daquilo que achamos que somos; e, ao trilharmos o caminho escolhido, confirmamos que somos aquilo mesmo.

Há um ditado antigo: "Não existe diferença entre ter coragem ou agir como se tivesse". Realmente, ao agir com coragem, ao escolher trilhar essa senda, a pessoa se torna corajosa. Quem luta na batalha, seja com hesitação ou irresponsável ousadia, é igualmente corajoso.

Cada vez que escolhemos um alimento saudável — *porque somos saudáveis* — nos tornamos mais saudáveis ainda. Ao escolhermos meditar — *porque somos buscadores* — nos tornamos mais buscadores ainda. Se fugirmos — *porque somos medrosos* —, reafirmaremos que medrosos nós somos.

A sua identidade determina suas escolhas, e as suas escolhas afirmam a sua identidade.

É por isso que a energia floresce quando brota da essência. Se podemos, dentro de limites realistas, escolher e reafirmar quem somos, então somos muita coisa. É esta uma das chaves da compaixão: eu, como você, sou também preguiçoso e disciplinado, vilão e herói, confuso e decidido, alegre e triste. Somos, todos, parte do todo, e tudo habita em nós. Mas de tanto *escolher* aquilo que realmente tem a ver com a minha essência, de tanto rechaçar e afastar-me do que há de periférico, algo mágico acontece: a luz domina, um brilho nasce. Quando as nossas escolhas têm ressonância com a essência do ser — não com a borda distante e influenciável de nós, sujeita a opiniões alheias e circunstâncias da vida —, nós brilhamos com a luz serena que vem da inexplicável presença da alma.

escolher quem se é

Dependendo de como é aplicada, a relação identidade-escolhas-identidade terá efeitos diferentes.

Para quem a desconhece, a vida parecerá uma armadilha. Acham que eventos têm mais força do que decisões; que as pessoas felizes e bem-sucedidas são assim por sorte. Se os fatos são contra, tornam-se reféns e vítimas, ou imaginam isso. A liberdade da consciência está distante.

Quem conhece e estuda a relação identidade-escolhas-identidade irá navegar a própria mente. O esforçado buscador da verdade interna, ao usar essa chave de sabedoria, minimiza aquilo que ele é em parte, para intensificar aquilo que escolhe ser a partir da sua verdade interna.

E há também o risco da ilusão, nascida do temido ego espiritual. Apenas devemos escolher, como atitude e identidade, aquilo que vem da essência e ao mesmo tempo é próximo da realidade. Se, por exemplo, me vejo como um dedicado atleta, tentarei ter disciplina, determinação e confiança, porque essa ideia de mim é quase verdade: uma aspiração. Mas se eu me achar um santo (como não me acho) estaria prestes a cair no abismo — porque aquilo está longe demais da verdade do agora, e não seria uma aspiração, mas sim uma exagerada mentira.

Eu? Sou um meditador, lindamente humano, buscador da luz maior, apenas isso. A cautela afasta a ilusão.

Somos escultores de nós mesmos, um passo por vez, sempre.

Em vez de deixarmos que a vida nos defina, uma soma determinista de acasos mais DNA mais histórias e desencontros e passos dados, aprendemos uma dança – a Dança de Deus, como ela é chamada na Índia. Aceitamos e alteramos; mudamos e entregamos; fé e suor; silêncio e ato; um passo lá, um passo cá. Metade de mim é resultado da vida; na outra metade, eu decido o que a vida significará.

Essa tamanha abrangência de possibilidades nos confunde. Como um adolescente que está prestes a prestar vestibular, é comum observar aqueles que estão firme e sinceramente no caminho espiritual ficarem confusos sobre quem são, uma vez livres das amarras imaginárias, da vida que haviam inventado. O adolescente se perguntaria: médico ou arqueólogo? Escritor ou alpinista?

Quanto maior a liberdade, mais abrangente a pergunta.

Não se intimide se a libertação trazida pela caminhada do autoconhecimento parecer confundir mais do que iluminar. A parte concreta da mente, pobre dela, gostaria de uma resposta definitiva e pontual, que nela coubesse. Se como Fernando Pessoa somos vastos, se nós podemos muito e somos ainda mais do que imaginamos, qual a solução? A simplicidade.

O poeta encontra um maravilhoso desespero ao descobrir que tudo existe nele; o monge descobre a paz quando descobre que tudo existe nele; tudo é uno, vibrando nas infinitas variações da consciência.

As pessoas que precisam da paz – e dela precisamos todos, claro, mas às vezes é urgente – colocam invariavelmente a causa pela sua inquietação em fatores externos, alheios a ele. Tanto aconteceu, e há muitas cicatrizes, e responsabilidades, e nós e marcas. É, sim, verdade. E nem por isso devemos nos render a esse nó, ou aceitarmos silenciosos e assustados a dificuldade de sermos felizes.

É preciso uma força – uma revolta, uma indignação verdadeira e límpida. Como mudar aquilo que parece perene? Com a intenção ígnea, ardendo no fogo da vontade verdadeira. Querer, querer sempre a paz; e querê-la tanto que estamos dispostos a nos transformar, mesmo quando o mundo não parece cooperar.

É indispensável exigir que a própria luz brilhe em si.

Este não é um caminho para conformados, acomodados ou covardes. É um caminho que pode, sim, ser trilhado por aqueles que se machucaram, que se sentem fracos, que têm tristezas profundas e falta de confiança em si mesmos, que carregam tragédias e desespero — porque é um caminho de amor e de cura. Mas é imprescindível o despertar; a vontade de conhecer-se; e a força ardente da sinceridade no coração.

A maioria das pessoas que buscam a paz não percebe que o que mais incomoda é a incoerência de si mesmo. Somos feitos de muitas partes; e, se uma delas brada com orgulho a virtude da honestidade, mas outra nos leva a secretamente mentir e enganar, seremos contraditórios e incongruentes. Em nós algo não encaixa; não dá, não fecha. O consciente pode ser autoenganado; o inconsciente sabe e se inquieta permanentemente.

Há contradições inevitáveis e belas. Somos fortes e fracos, humanos e divinos no nosso potencial. Mas há outras mais destrutivas. Essas tiram nossa paz e nosso sono.

Se você buscou dinheiro para ter liberdade, mas sacrifica a sua liberdade para ter dinheiro, há uma contradição. Ou, talvez, se ama, mas trai; ou se busca a solução, mas semeia a complicação; ou se engana a si mesmo sobre o preço que você paga ao afastar-se dos seus ideais.

Ao meditar, nós buscamos a paz. Ela vem, serena, sempre, por pouca que seja.

Mas queremos que ela nos tome arrebatadamente; inteira, completa. Que faça uma transformação na nossa vida, que habite permanentemente no coração. E para isso, ela, suave, gentil, sussurra para nós o caminho: faça a sua revolução. Jogue fora o que não tem afinidade com a sua verdade, o que o fere, o que o afasta de amar mais e de ser mais amado.

A simplicidade mostra onde devemos trabalhar. Ela torna mais difícil que possamos mentir para nós mesmos, nos enganarmos. Ao chegar ao centro da questão — qualquer questão — não mais poderemos esconder enganos, aproximações e distorções de nós mesmos, pois somos os únicos que podemos nos mudar. Uma vez removidas as complexidades inventadas, as complicações desatualizadas e as esfarrapadas seja a luz.

é indispensável
exigir que a própria luz
brilhe em si.

desculpas, a simplicidade implacável nos mostra a verdade de quem somos, de onde estamos, e do que importa. Daí vem a revolução.

Ao trilhar este caminho, frequentemente a gente descobre a feiura daquilo que havíamos criado enquanto estávamos amarrados no ego, e depois a beleza que nunca perdemos na alma. Nós nos descobrimos feios para depois nos descobrirmos belos.

A simplicidade nos leva a realmente conseguir organizar aquilo que escolhemos ser, a partir da essência. A coerência traz a desejada paz.

As pessoas ao seu redor irão se assustar com a sua mudança. Sempre se assustam. Esse convite é uma ameaça para que eles também mergulhem no autoconhecimento; o ego deles reclama. Acusa, briga. Difama.

Como em uma reforma de casa, a transformação da sua identidade irá gerar poeira, barulho; parecerá piorar antes de melhorar. A demolição do que é antigo e desatualizado é um processo demorado e dolorido. A dor nunca vem da alma: é o seu ego, assustado, que resiste.

A vida transformada, com mais simplicidade e fiel à essência, se torna alimentada por um fio intenso e claro de luz vindo de dentro. Às vezes precisamos de mais recolhimento e silêncio, porque nossa fonte de energia mudou. Não seremos mais alimentados pela intensa troca com outras pessoas que nos dão mais do mesmo, nos mantêm presos em uma cansativa e repetitiva circularidade de ideias e teorias e perspectivas. Para alcançar essa nova fonte, sua luz, é necessário abandonar os métodos antigos de viver. A revolução parece dramática, mas ela não é, nem deve ser — apenas aqueles que são imaturos buscam o caos externo para justificar e ecoar o que acontece na mudança interior. Quem já se acostumou com a caminhada espiritual se transforma discretamente. O beijo fica mais amoroso, a palavra mais precisa. Pouco se vê de fora. Dentro haverá as crises, os questionamentos, as dores e alegrias, as descobertas... e finalmente a paz que vem. É uma elegância espiritual — despida de adornos ou moda, mas evidente para todos na maneira de ser, pensar e agir.

Assim transformado, o meditador vive uma vida mais lúcida: de luz. Sem querer ser chefe, ele se torna líder. Nada existe de mais inspirador do que uma pessoa que é ela mesma, vibrando o que há de mais belo em sua essência, dominando o seu ego. Encontrada a coerência, torna-

-se natural ajudar quem está à volta, por mais imperfeitos que ainda sejamos. Frequentemente me lembro disto: que eu, mesmo ruim das letras, poderia ensinar o analfabeto. Sempre há a quem ajudar, a quem amorosamente tocar a vida, alguém que sabe ou pode menos, até mesmo um animal ou uma planta.

Existem aqueles que aceitaram a caminhada da transformação, e aqueles que apenas sonham com o destino sem se moverem. A pergunta que os divide e define é clara: Você aceita a simplicidade?

meditação 17: vibração do som

10 minutos

Aprendizado: *Energia é vibração*

Não existe energia sem vibração — como não existe matéria sem massa, nem fogo sem calor. São, na verdade, dois aspectos do mesmo.

Tudo é energia, e assim tudo é vibração. Mas, às vezes, isso é difícil de ser percebido. O som é diferente: nele, as duas manifestações são evidentes.

Um mantra tem, ao mesmo tempo, a energia de seu significado e a vibração de seu som, criando um único efeito.

Início

Consciência corporal, respiração e presença no agora. Toda meditação assim se inicia. Veja a técnica na meditação 6 deste livro.

1º passo

Com a voz, entoar um mantra é uma experiência interna. É importante o que ela causa, seus efeitos. Não é cantar e ou agradar a uma audiência.

O mais profundo e poderoso de todos os mantras é o om, a vibração da energia essencial. Ele tem três partes: Ó, U, M.

Respire com delicadeza e intenção. Perceba o seu equipamento corporal para falar e fazer o mantra: sinta os pulmões, a garganta, a boca. Familiarize-se com eles, com atenção plena, sem nada julgar. Apenas os sinta.

Depois de alguns instantes, inicie o mantra, com as suas partes separadas:

Primeiro, na base do corpo, sinta vibrar o som Ó. Como a raiz de uma árvore, ele é a fundação deste som primordial. Vibre Ó com a voz, mas o sinta alcançando, como energia, as pernas e os quadris, e o abdômen. Ela é uma energia que parece vir de baixo, conectar-nos com a terra. Esse som rompe os padrões antigos; limpa e liberta a energia.

Segundo, no centro do seu peito, ligado ao coração, vibre o som U. Deixe-o ressoar. É de uma vibração mais precisa e determinada que a do som anterior, o tronco da árvore, reto em direção ao alto. Vibre U com a voz, mas sinta a sua energia no peito. Ele organiza as energias em você.

Terceiro, eleve a voz no som M, como o zumbir de uma abelha, sentindo-o mais no crânio do que no corpo. Feche os lábios e continue o som do mantra M. Ele eleva a consciência e abre os centros de energia elevados, espalhando-se em sensações da energia fluindo na cabeça e além, como os galhos de uma árvore.

2º passo

Entoe o mantra om na sua forma completa, Ó U M. Ele flui de baixo para cima, Ó, U, M, e se abre como uma árvore, raízes, tronco e galhos. Sinta-o estimular cada parte do corpo afetada pelas três etapas do som.

Faça o mantra uma vez, então respire e observe os efeitos. Novamente faça o mantra. Repita de acordo com a intuição, que ditará o ritmo.

Ao sentir a transcendência e a paz que chegam com a potência do mantra OM, lentamente o torne suave, até a voz se aquietar.

Sinta e permaneça no silêncio que nasce do som.

as partes em harmonia

A meditação é simples.

Você também é.

Não parece ser assim. Eu, simples? Cheio de memórias, de traumas e antigos pensamentos, de jornada longa e presente cansativo. Quem, ao ouvir "você é simples", não duvidaria?

A proposta da meditação é esta: há uma essência que precede o pensamento e as memórias, as ideias e os sonhos, a inquietação sobre o futuro e a mágoa do passado. Encontrar a essência é mais fácil do que parece ser: afinal, ela é feita de você: ela *é* você. Mas nossa identidade ficou atrelada a uma história cheia de voltas, que definiram metas e ideias, prioridades e erros, encontros e acertos.

Cada meta da nossa vida traz com ela imensa bagagem: ela existe por um motivo, ela atende a uma expectativa e alimenta uma ansiedade. Ao acordar, você levanta mais do que o próprio corpo. Ergue junto um conjunto de motivações e ideias, aquilo que leva você a caminhar, a estudar e trabalhar e amar e ser amado, a viver. Essas necessidades e expectativas são todas reais. Mas elas são feitas de fios de pensamento de teia mental, de estruturas bem processadas e encaixadas na sua mente. Isso não é você.

Às vezes a gente usa um sapato apertado. O alívio ao tirar aquilo que incomodava, restringia e apertava é mais do que a ausência da dor que termina. É o resgate daquilo que era o estado original, o reconhecimento do real tamanho dos pés, a liberdade de ser aquilo que se é na nossa *verdade*. Que é simples.

Ninguém precisa, logo no início, ser um grande meditador. A ansiedade é inimiga de meditar. Estamos tão acostumados a ter expectativas, tantas e sobre tudo, que esperamos uma alta performance até ao meditar, como se ela também fosse parte das competições da vida, mais um item a ser completado para ser feliz. Isso é um engano.

Acostumados a vida intensa, mesmo que desconfortável, e entretenimento saturado de luzes fortes, sons altos e atenção breve, comumente nos aproximamos da meditação com a expectativa de um *blockbuster*, uma megaprodução de aventura e efeitos especiais. Temos que ver coisas; sermos invadidos por experiências impactantes e incríveis; ou recebermos revelações profundas. A meditação, é claro, pode ser isso, mas ela não é assim todo o tempo.

A meditação é simples. E se ela leva você a experiências extraordinárias, o que realmente faz, ela jamais *começa* por elas.

O desapego e a busca sincera da essência são as ferramentas de trabalho para os que querem ser simples. Há uma bela palavra em sânscrito, a língua antiga da Índia e dos Himalaias, que nos explica isso: *tyāga*. Ela significa o espírito do desapego, a liberdade e a generosidade. As pessoas acham que estar desapegado é uma forma de altruísmo, de doar objetos desnecessários. É tão mais do que isso. *Tyāga*, a sensação de liberdade que vem com o desapego, existe quando nós aprendemos a desapegar também na consciência. Abrimos mão de ideias, de ressentimentos de estimação que guardávamos por anos, de mágoas que não queríamos deixar para trás, de sonhos vazios não realizados, de medos sem fundamento. Cada um desses pensamentos resultou de uma fachada da nossa personalidade — longe da essência.

Nós, humanos, frequentemente nos apegamos a ideias e conceitos e objetos porque achamos que eles nos definem: são parte da nossa história. Aquilo que nos cerca, seja palpável ou abstrato, nasceu da nossa vida, e pensamos que define quem somos. Mas você não é aquilo que aconteceu com você. Temos medo do desapego porque temos medo de perdermos nossa identidade, amarrada e cristalizada em âncoras que não queremos abandonar. Já conheceu alguém que só fala do passado? Daquilo que foi, e daquilo que não foi, o futuro do passado? É esse o apego devastador, que afoga a amorosidade e acorrenta a pessoa em sutis definições, para ser alguém que ela não é.

Desapego, e a libertação que vem dele, *tyāga*, acontecem porque na verdade precisamos de muito pouco — contanto que o nosso pouco seja muito próximo da nossa essência. Desapego nos faz abandonar o provisório em busca do permanente, o improvisado em busca do pleno, e o parcial para encontrar o infinito — que é infinitamente simples na essência.

O foco vem quando dizemos não para mil coisas, e *sim* para uma só por vez. Dentro e fora da mente.

Essa liberdade existe na fonte de qualquer experiência espiritual real. A liberdade verdadeira é uma nudez, um descobrir-se. Em um momento mágico, nada há além de você; e aí, lentamente, pegamos novamente objetos, ideias, roupas — sabendo que são agradáveis e necessários, mas eles não somos nós.

A simplicidade não é uma busca árdua, nem um ritual de desapego, nem uma complicação para então descomplicar.

A simplicidade apenas é: e, de tão simples, ela parece difícil de encontrar.

Ela é o que resta, quando tudo o que não for coerente com a essência é deixado para trás.

o desapego nos faz abandonar
o provisório em busca do permanente,
o improvisado em busca do pleno,
e o parcial para encontrar o infinito
— que é infinitamente simples.

a simplicidade é o que resta,
quando tudo o que não for
coerente com a essência é
deixado para trás.

quinto segredo: desejo é movimento, prazer é pausa

O rio flui, o vento sopra. O sol caminha. Os dias sucedem as noites, que dão lugar aos dias. É o movimento. O meditador, em um profundo silêncio, observa as forças em equilíbrio. A natureza não é estagnada; os átomos vibram, a harmonia é dinâmica.

O movimento nasce do desejo.

Quem deseja meditar lê estas linhas, para então aprender. O desejo por uma maçã nos leva a buscá-la e saboreá-la. Desejar leva a movimentos internos, atitudes, intenções e transformações. Um dia, eu desejei a paz — e é só por isso que medito.

Para os monges da linhagem nātha, o desejo não é para ser negado ou esquecido. Ele é impulso e ímpeto. Assim como as forças da natureza, ele precisa ser equilibrado, e usado de acordo com as aspirações mais elevadas. O monge transmuta desejos nocivos em outros, mais saudáveis. Isso gera o vento da ideia, o rio da intenção, o brilho da mente focada.

Para cada falta haverá um desejo, que irá então criar um movimento.

Mas o desejo sem controle torna-se uma cadeia incessante de incontáveis elos. Para cada um deles que termina, feliz ou frustrado, completado com êxtase ou dissolvido em malsucedidas lágrimas, a mente apresentará o próximo. Afogadas em uma corrente que não dá paz nem trégua, as pessoas tornam-se infelizes. Desejam o que imaginam que trará a alegria buscada: talvez uma joia belíssima, ou uma roupa cara e invejada. Quando as obtém, em pouco tempo, o incômodo volta: há algo oco, uma falta.

Então o próximo desejo: mais uma compra. Ou mais uma hora de entorpecimento no celular, ou mais uma conquista amorosa vazia, mais uma noite cansativa de seriados, uma noitada com bebida; mais desejo, e o movimento que vem com ele. Desejo-desejo-desejo — sem fim, marcado pela ausência e inexplicável falta. Como sair disso?

O prazer existe na pausa.

Para que aquilo que desejávamos seja aproveitado e desfrutado, para que nos sacie e cure a alma, é necessário pausar.

Quem ama fecha os olhos ao abraçar a pessoa amada. O conquistador da escalada precisa parar para contemplar a vista inigualável do topo da montanha, e sentir-se abençoado. O executivo só irá conseguir dormir depois de apreciar, sentado na cama por introspectivos instantes, o prazer das realizações do seu dia. As tarefas de amanhã? São apenas desejos-de-fazer, movimentos futuros, e devem ficar para depois. Para dormir, a pausa que relaxa, acalenta e acolhe.

Quem vive o momento precisa estar presente, ou a mente fugidia irá inventar mais faltas para serem preenchidas. A alegria precisa da ressonância, de vibrar por um tempo, como uma música, ou não irá jamais satisfazer.

A pausa é interior, não física. Não é necessário estar imóvel: às vezes, uma caminhada na floresta será fonte de enorme alegria, o corpo em movimento e a mente imóvel, mergulhada no agora, em uma dinâmica pausa. Nadar na cachoeira no centro da mata pode dar o prazer da sensação infinita do momento presente.

Mas se a mente se distrai e vai ao desejo, cobiçando a repercussão que terão as belas fotos... o prazer se vai, e a insatisfação retorna.

O desejo é movimento. O prazer é a pausa.

Na meditação, somos impulsionados pelo mais suave e elevado desejo: amor pela luz em si mesmo. A pausa nasce quando a encontramos; e em indescritível prazer, enquanto ela reverbera e nos abençoa, descobrimos que a luz que buscávamos somos nós, e nada falta.

NONA DESCOBERTA: A SOLIDÃO PLENA DE SI

O peregrino andava, cansado. Sob seus pés havia areia fina e escorregadia, e não conseguia enxergar nada verde na distância. Ele cruzava o deserto.

Decidira assim, nada o havia obrigado. Largava a cidade para trás, a capital, onde havia morado toda a sua vida. Os panos grossos e a lã de suas roupas eram cheios de pequenos furos. Havia tempos que não se cuidava; havia muito que não se importava.

Seguia. A areia dificultava a caminhada, mas ele sabia ser do deserto. Havia trazido alguma comida, e saberia encontrar algumas plantas discretas, escondidas, que dariam a ele alimento.

A cidade que ele havia deixado não era mais visível aos seus olhos, mas a observava na mente com a clareza de quem a vê no sol do meio-dia. Sem véus, sem máscara. Ele a abandonara. Ela doía dentro dele. Representava a felicidade vã e passageira; as ilusões que havia tido na vida.

Gente querida ainda morava lá, de quem gostava e tinha saudade. Mas eles todos, ou quase, eram estranhos para o viajante. Dúbios, confusos. Criavam um mundo de valores dos quais ele, um dia, ousou ou fingiu gostar. Festas, cargos, celebrações e honras. Riquezas e pompa.

Um dia, ele fora conselheiro do rei.

o pobre rei

Era considerado sábio, douto. Conhecia muitas línguas e as falava com fluência. Encantava quem o ouvia com sua cultura impecável, as citações de velhos poetas, a inteligência altiva e desinteressada. Ele transitava pela corte com a certeza de não ser um dos nobres ignorantes.

Ele teve esposas, e ouro, e glórias. Conhecia matemática e física e astronomia; os rudimentos da medicina; e era capaz de recitar os clássicos na língua original e antiga.

Era distraído demais para saber se era feliz ou não. Entretinha-se; desfrutava. Aproveitava os prazeres. As intrigas da corte (mesmo entre os supostos sábios conselheiros) também o mantinham ocupado: as traições eram constantes e as mentiras se alastravam como fogo.

Acima do ruído caótico da nobreza, o rei gostava dele. Ouvia seus conselhos, considerava suas palavras. Dava a ele de presente mais ouro e mais tecidos — vindos de terras distantes, criados por artesãos sublimes —, com os quais ele se vestia, quase um príncipe, levado pela ambição e pelo orgulho.

Mas um dia tudo mudou.

Sentara-se próximo a sua majestade, rei daquelas terras, nos aposentos reais. De olhos negros, belos e sinceros, o rei o olhara silencioso e um tanto triste. Apoiara-se sem ânimo, com as pulseiras de ouro fazendo barulho, as sedas caras cintilando, e disse:

— Eu não quero ser rei.

O conselheiro, sábio e cheio de palavras, ficara chocado. Não sabia o que responder. Já havia conversado tanto com sua majestade, tanto. Havia guiado o reino em tratados com vizinhos e países inimigos, sugerido leis e taxas novas, punições para dissidentes e penas para criminosos. Havia falado de filosofia, aritmética, da guerra e da paz.

Mas nunca sobre a felicidade.

O silêncio se avolumara, aumentando o desconforto, com o rei sustentando um olhar presente, porém resguardado. Atento, sem exigir uma resposta. O conselheiro sentira uma incapacidade, o temor de não saber, o pânico de nada mais poder para ser útil, um conselheiro sem conselhos.

Aquele era um bom rei, ciente de suas responsabilidades, amado por sua gente. Que dizer a ele, que já sabia disso?

Para cada moeda de ouro que os mercadores desejavam, gritando pelas ruas com suas mercadorias, o rei tinha dez mil. Os privilégios que os nobres tinham não se comparavam aos do rei. Ele podia tudo, e os nobres queriam todos o seu lugar, sem exceção. Ele tinha mulheres, palácios, tempo, sabores e deleites. Todos, invariavelmente, queriam aquilo que apenas um deles tinha, o rei — e o monarca não se sentia saciado, nem feliz.

O "sábio" levantara-se lentamente. Fizera uma reverência à sua majestade, e, naquilo que depois veria como sua a primeira atitude realmente sábia, saíra da sala, do cargo, do palácio e da vida conhecida.

Que poderia fazer? Ele, como todos ali, vivia de pedaços da grandeza real. Ele era como a luz da vela tentando ser o grande incêndio: ele, como todos, queria ter a riqueza, o poder e o conforto do rei. Mas se aquilo não era o bastante...?

Que trajetória insana e sem sentido. Todos subindo uma montanha e apenas um lá no alto, dizendo triste que a subida não valia a pena.

O conselheiro poderia, claro, fingir como todos, mergulhar na sociedade como ela é. Aproveitaria a delícia do palácio. Mentiria perante outros; mas como mentir para si mesmo? Como se enganar?

Não poderia.

Vivera por alguns anos pela cidade, observando. O dinheiro foi acabando, negligenciado, malgasto. Nunca mais voltou ao palácio. Temia ser chamado de volta à força: porque o rei gostava dele. Mas nunca foi, porque o rei gostava dele mais do que imaginara: respeitava-o.

O ex-conselheiro, nos últimos anos, era quase como um mendigo. A cidade era bela: próspera e cheia de riquezas. Era parte de uma rota de comércio, e por ali passavam caravanas e mercadores com moedas de toda a Terra. Fora dos muros da cidade, porém, mal havia vegetação nem agricultura. Era seco, árido. Deserto.

Um dia, seus olhos se elevaram para além da cidade. Saiu caminhando. E assim foi rumo ao deserto, onde descobriria a extraordinária cura para a dor do coração do rei.

meditação 18: a saída para o alto

15 minutos

Aprendizado: *Elevação até a alma*

Usamos metáforas para falar daquilo que está além da mente.

Nosso núcleo mais permanente e verdadeiro, aquilo que realmente somos, é a alma. Você é ela. Está infinitamente ligada a nós, mas não fica aqui; existe em outra dimensão, que sustenta e dá significado a esta. Ela permeia tudo. Não está dentro no sentido de contida, e sim no sentido de criadora

— como o escritor está dentro do livro, como a luz da imagem, como a voz está na música.

A alma não está presa em nosso corpo, entre órgãos da carne.

Conduzimos a atenção até o plano da alma usando palavras como aprofundamento e elevação. São símbolos que nos impulsionam e guiam. Mais elevado, mais alto: mais rarefeito, mais puro como o ar da montanha; ir ao céu.

Somos feitos de muitas e muitas partes. Esta meditação nos leva a saber que somos mais energia que corpo, e a ir até o elevado plano da alma.

O que estará se elevando é a consciência.

Início

Consciência corporal, respiração e presença no agora. Toda meditação assim se inicia. Veja a técnica na meditação 6 deste livro.

1º passo

Intensifique a presença. Esteja completamente consigo mesmo.

Devagar, perceba que a energia é leve e fluida. O corpo é um veículo pesado. Com a mente, imagine-se saindo desse corpo. Suba, ainda sentado em posição de meditação, flutuando logo acima de você.

Para cada pensamento que vier, eleve-se mais. Fica uma casca sua para trás, como a das cigarras. Ao redor dela, pensamentos e ideias que não mais o alcançarão.

Suba novamente, e novamente, inúmeras vezes, deixando para trás o invólucro, a casca do nível anterior. A cada nova etapa, permaneça no alto até algum pensamento vir; e então vá mais alto, onde a consciência plena e o silêncio emanam da alma.

2º passo

Perceba a diferença na sua presença em cada nível. Ela se torna mais poderosa, mais intensa, e ainda assim mais pura e sutil.

Acostume-se com o silêncio pleno da mente. Sinta e observe a tranquilidade que dele resulta. Nada há para incomodar, apenas paz, e a eloquência do silêncio.

Permaneça no alto até sentir-se descer, suave, para retomar contato com o corpo. Mantenha a consciência elevada ao longo do dia. Suas palavras serão poucas, mas mais precisas, e sua observação estará afiada. Sua presença o acompanhará, tão intensa que você não sentirá falta de nada do mundo da matéria.

acompanhado de si mesmo

O tempo é diferente no deserto. Cada dia parece infinito, e a noite não acaba. O conceito de anos não existe; a sobrevivência é urgente. Não há quase nenhum som. O deserto existe no presente.

Por alguns dias, aquele que um dia fora nobre e depois mendigo descobriu formações rochosas e cavernas onde poderia dormir e se abrigar. Encontrou bicas d'água nas rochas, e até bebeu da água barrenta com gosto.

Sentia um estranho alívio. Não ouvia ninguém, não tinha confortos, e ainda assim estava bem. Mas algo não mais o incomodava... a cacofonia, os sons sobrepostos. A farsa? Nem sabia o que pensar sobre a cidade.

Seu coração estava calmo.

Passou um tempo sem tempo, sem medida no deserto. Meses? Semanas? Anos? Não importava.

Comia pouco, emagrecia. Jejuava às vezes. Encontrava algumas plantas e raízes para sobreviver.

A confusão que o acompanhara desde a frase do rei ia embora. Estava leve. Ainda assim, sentia-se vazio. A felicidade não o acompanhava.

Sonhou, um dia. Com a cabeça na pedra dura feita travesseiro, encolhido na noite, ele sonhava com o exato lugar onde estava. Acordado, no sonho. Adormecido, no mundo concreto. Era a única diferença.

Um homem chegou, com as vestes igualmente rústicas e puídas; poderiam quase ser a mesma pessoa, mas havia algo diferente, muito diferente em quem se aproximava. A sua face era bela, mesmo com rugas: uma expressão de confiança e leveza. O peregrino sonhava.

— O que você faz aqui? — perguntou o visitante.

O conselheiro, agora peregrino, hesitou em responder. As palavras saíram tortas e lentas, pois havia anos não falava.

— Eu... Desisti da vida lá. Da cidade. Eu não... Nada tenho a ver com eles. A vida deles é vazia.

— E você acha que o vazio imenso do deserto vai preencher o seu vazio? Há! — o visitante riu. E sumiu.

O peregrino despertou, suado. O gélido vento do deserto ainda batia.

Durante os dias que se seguiram, o novo habitante do deserto continuou a construir a sua vida simples. Lembrava-se do sonho, sim. Mas o deserto fazia sentir-se mais leve. Puro.

O tempo, que não parecia tempo, passava. Duas semanas, duas décadas?

O peregrino estava aliviado. Sentia uma forma de alegria, leve, sem celebração nem intensidade. Mesmo assim faltava algo. Sentia o vazio, embora não mais doesse.

Não se sabe qual motivo mágico ou coincidência trouxe o segundo sonho.

Desta vez o visitante entrou mais lentamente na caverna do sonho, como quem pede licença. Seus olhos entregaram ao peregrino um carinho sem sorriso. Pausou um momento. Abriu uma parte do maltrapilho manto que vestia e mostrou algo para o morador do deserto.

Era um pote de cerâmica vazio.

— Você conseguiu esvaziá-lo. Parabéns. Agora encha.

— Mas de quê? — o peregrino respondeu no sonho. — Nada tenho, nada mais. Somos só eu e o nada, aqui.

O visitante sorriu, gentil. E desta vez o peregrino acordou sem suar.

Intrigado, sem o pote que havia ficado no sonho, o peregrino refletia. O que aquilo queria dizer? Resolveu, então, tomar uma atitude. Criaria um pote.

Com lama e barro, fez a cerâmica improvisada. Deixou-o secar ao sol, depois um pouco no fogo. E tentou usá-lo para guardar água, mas ele pingava pelas rachaduras. Tentou nele armazenar alimento, mas ele tinha fome e o comia. O pote estava vazio.

Vazio. O pote.

Ainda assim era agradável e importante, o seu único objeto. Mas o que colocaria ali?

Observava. Eram ele, o vazio do pote, e o pote.

Subitamente, o peregrino parou de respirar. A sua mente não tinha palavras — mas uma ideia chegava, tão óbvia, tão grande, que iluminava o seu ser.

O vazio! O vazio! Este é o meu vazio. E eu só tenho a mim mesmo, nada mais; e é com isto que preencherei o vazio do pote, que é igual ao meu vazio interior. Eu preencho o meu vazio comigo. Eu preencho a mim. Eu precisava de mim!

Abraçou o pote frágil como se mergulhasse dentro dele, fazendo o seu peito entrar na cerâmica, que rachou em mil pedaços. Ria, chorava, nem sabia o que dizer. O sol batia a pino.

De soslaio, ao canto dos olhos, viu uma névoa, talvez areia. Olhou. Era, atrás dela, o visitante.

— Sonho? — perguntou o peregrino, de olhos bem abertos.

— Sempre — suavemente respondeu o visitante, suas palavras repletas de significados.

Eram mesmo parecidos. A mesma altura, as mesmas roupas. O rosto familiar. Era uma versão melhorada dele?

O peregrino refletiu, ponderando em silêncio. Finalmente disse:

— Meu peito estava cheio de desejos e tralhas inúteis, de ilusões e luxos, de mentiras e ódio. O deserto me mostrou o vazio, que alivia, mas não basta. Esvaziei-me por estar aqui. Então eu precisava preencher o vazio com a única substância possível, e daí a alegria, a felicidade que buscava: estar pleno de mim, verdadeiramente.

— Agora vá ajudar o rei — respondeu o visitante. — Cheio da sua essência.

O peregrino saltou, tentando abraçar o sábio que o ensinava, sua salvação, seu mestre; desejava loucamente ser seu discípulo fiel. Mas ele desapareceu sem sequer deixar névoa ou areia.

O conselheiro peregrino suspirou. Estava só.

Levaria meses – ou anos? Refletiria sobre quem ele era; os seus valores e conceitos, a busca da sua verdade. Encontraria o pote, encheria o peito. Seria quem é.

Quando, finalmente, se sentiu fortalecido, quando as quinquilharias da vida comum não mais poderiam entrar nele, retornou à cidade, ao palácio e ao rei. Que o aguardava, mais idoso, mais cansado, saudoso; e com os mesmos olhos sinceros de perdão que tinham o peso da majestade.

se perder para se encontrar

Quando comecei a meditar, as pessoas achavam que eu queria fugir. Buscava escapismo, pensavam; me retirar da sociedade, ou uma saída fácil e inverossímil. Não entendiam, e nem precisava mesmo que entendessem.

Quem inova além da vida comum é abençoadamente incompreendido. Ao não ser entendido, ele se recolhe, reflete, pensa. Tenta encontrar algo dentro de si que não vem da aprovação fácil ou de conversas rasas e conhecidas. Ao ser colocado em xeque, atirado na dúvida, ele duvida de si. Isso é fundamental. Assim ele jogará fora muitas bobagens e ilusões. Só o que for realmente forte, real, nascido de convicções estudadas e testadas, do que vier da sua alma – só isso irá permanecer como o norte que guiará o seu coração.

Ao ser incompreendido, aquele que busca uma verdade precisa esvaziar-se de tudo. Se estiver apegado a ideias rígidas, fechado à hipótese de estar errado em parte ou no todo, nascerá ali o fanatismo. Essa é uma cegueira perigosa, um desvio do caminho rumo à luz, que desperdiça um grande tempo.

Abençoada pela sua solidão, pela incompreensão daqueles com quem tem elos afetivos reais e sinceros, a pessoa que inova reflete. Corrige-se, mesmo sofrendo com a solidão. Descarta quase tudo; atravessa seu deserto.

Então nasce nela algo inexplicável, mágico, um encontro.

Um encontro com aquilo que é realmente novo. É um alívio e uma alegria. Uma chave para transformar a si mesmo, a vida e o mundo.

A descoberta é mágica porque ela não responde às leis conhecidas. Por ser exatamente nova, ela encanta e desconcerta. Cria possibilidades e desfaz aquilo que havia em nós, antigas certezas e estruturas de uma vida antiga e cansada. Traz ideias, paradigmas e propostas, novos valores e possibilidades – e é por isso mesmo que precisamos de tempo, silêncio e reclusão, para que os conflitos se resolvam. É uma convalescência suave, para nos recuperarmos da cirurgia que ninguém viu, na qual foi trocada tanta coisa dentro de nós. Evoluir nos isola às vezes; dói até.

Isto é o início de um encontro interno, uma visita que fazemos à nossa essência.

Precisamos do deserto, um sinônimo de recolhimento, de respeito por si mesmo – para podermos ser incompreendidos, e daí buscarmos a verdade. Ela irá desfazer o que havia de carcomido e estranho ainda guardado nas prateleiras da memória e dos valores. Então, no deserto, a confusão vem, o medo, a solidão. As pessoas sentem nossa falta. Amigos perguntam, pais estranham. "Ficou uma pessoa esquisita", sussurram. "Está sumido", dizem. Mesmo que esteja presente em corpo, a pessoa estará ausente dali – ela estará no seu deserto.

As primeiras vezes que isso acontece, o processo fica ainda incompleto. O chamado vem, a pessoa visita seu deserto interno... e logo retorna. Tomada por medo ou saudade, talvez pela simples insegurança de nadar contra a corrente, ela abandona o que ela mesma ansiava encontrar. Volta para uma cansada e pesada normalidade.

Com o tempo, o novo vem em maior intensidade e força. Há a negociação, a tentativa de encolhermos as asas, adiar o voo que se aproxima. Tentamos guardar cometas em caixas de fósforos, para fazer deles fogueira e acalento nas noites frias. As estrelas não aceitam ser escondidas e guardadas; nem as mais belas e profundas descobertas sobre você irão adiar para sempre o tempo delas. Um dia, algo quebra, algo incomoda. Alguma lágrima cai, a tristeza fala, a mágoa vem. E essa dor, que parece aos olhos ignorantes e destreinados acontecer por causa e culpa de alguém ao nosso redor, é na verdade o eco de uma tristeza

queremos
autoconhecimento em pequenas
doses, por medo do que acontecerá.
tentamos guardar cometas em caixas de
fósforos, para fazer deles fogueira e
acalento nas noites frias. as estrelas não
aceitam ser escondidas e guardadas;
nem as mais belas e profundas
descobertas sobre você irão adiar
para sempre o tempo delas.
um dia, a coragem vem.

maior, o chamado silencioso — de sermos convidados para a liberdade, a mudança, o deserto, e não termos coragem de ir.

Um dia, a coragem vem.

Porque junto com a alma vem sempre o impulso, a energia necessária para a mudança. Essa é a diferença de simplesmente conhecer, ou de estar pronto. Podemos ouvir a mesma frase mil vezes; ela vem vazia, estruturada em palavras, mas despida da força necessária. Um dia, a mesma fala vem diferente: quando a hora é agora, ela virá nascida da alma, cheia de energia. Ela é ao mesmo tempo instrução e impulso, mapa e combustível. A coragem, que nem sabemos de onde veio, está à disposição, pronta.

Quem caminha até o deserto buscava o silêncio por ter se cansado das falas repetidas do cotidiano. Lá existe a ausência de sons incômodos. Respiramos, relaxamos. O que dói, ali, é apenas a solidão somada à grande mudança que a novidade traz, que nos altera as ideias mais entranhadas e os valores antigos, arraigados, enraizados.

E aí, inexplicavelmente, a leveza vem, e com ela a alegria. A paz indiscutível sem motivo, a simples ausência do conflito. Há a guerra, longe. Há a paz, na gente.

Assim, reestruturado e renovado, o meditador volta. Ele traz algo novo, inédito, tão verdadeiro em si mesmo que é inegável e evidente. Muitas vezes, aqueles que o julgavam louco irão se admirar da ideia nova que agora tem.

O caminho é sempre assim: a dúvida, o questionamento, a desconstrução do antigo — o deserto —, a nova convicção, a certeza límpida e cristalina... e a coragem de mudar o mundo.

O que nos trouxer liberdade e transcendência é a pura espiritualidade, além da formalidade da religião. Pode ser uma descoberta transformadora na sua vida, uma inovação da ciência que mudará os paradigmas da humanidade, ou uma maneira nova de fazer arte e trazer beleza. O que é novo impacta, choca, desfaz o antigo — e transcende. Assim, você se liberta.

E a alma? Ela é a liberdade que você já é, e que sempre será.

meditação 19: a nova vida

15 minutos

Aprendizado: *O peso do que já passou*

Para criar o novo, é necessário entregar-se: aceitar o desafio, focar-se, dedicar cada gota do suor e cada minuto do tempo para que o objetivo ou a nova vida se manifestem.

Muitas pessoas têm pouca energia no presente porque muito dela ficou presa no passado, que já se foi no tempo, mas ainda vibra na mente.

Em quem tem ainda rancores, ressentimentos, arrependimentos, raivas, expectativas irreais ou memórias apegadas — o que quer que seja do passado que ainda tenha força dentro de si —, a energia que alimentaria o novo estará presa nessas emoções e nas histórias que as geraram.

A nova etapa, a nova tarefa, o novo momento de cada pessoa só virá intenso e alinhado com a energia da alma quando o passado existir em nós como registro, não como energia que ainda vibra sem ser resolvida.

Início

Consciência corporal, respiração e presença no agora. Toda meditação assim se inicia. Veja a técnica na meditação 6 deste livro.

1º passo

Respire profundamente. Mantenha-se assim por um tempo, focado em respirar, sentindo a mente aquietar-se. Sinta a sua presença e, desta vez, observe-a ainda mais atentamente. Quem é você, agora? Qual a sua identidade?

Você não é a sua história (livre-se dela), mas é, sim, os resultados dela em você.

Qual é a sua verdade neste momento? Encontre seus valores atuais, e relembre amorosamente quem é. Não se culpe nem julgue: apenas veja. Firme-se na sua identidade de agora. Observe o quanto há em si mesmo que é antigo e sem sentido.

2º passo

Como quem visita uma cidade distante, leve a atenção até as memórias negativas que ainda vibram, trazendo insegurança, incompletude, ressentimento ou o que seja.

Com firmeza, lembrando-se de quem você é agora, aproxime-se de cada uma delas. Muitas se dissolverão naturalmente. Delas ficará apenas o registro, tornado vazio de energia, guardado na prateleira.

Alguns nós mentais irão precisar de mais força. O agora é poderoso: ele muda a importância e o significado do passado. Se necessário, imagine a si mesmo chegando ao passado, mas sendo como é hoje. Encontre quem você era, explique àquela versão sua que o tempo passou, e a abrace até que ela se acalme. Converse com aquela versão de você, amorosamente. A memória irá se dissolver, e a energia presa será liberada.

3º passo

A energia liberada pode ser pequena e causar alívio, ou ser uma explosão de potencial que, pelas mil possibilidades que gera, traz inquietude. O meditador precisa fazê-la fluir para criar o novo.

Imagine, em detalhes, o futuro que você quer criar. Veja como se ele já existisse. Assim você estará avisando a sua mente inconsciente para levá-lo a atitudes que levem a esse futuro; a sua vibração irá atrair oportunidades e abrir portas.

Visualize claramente. Sinta-se, agora, como irá se sentir naquele futuro. Coloque ali a energia liberada, e a veja tornar a imagem na mente mais clara, verdadeira, nítida, cheia de luz e cores. Permaneça ali, sentindo, vendo cada detalhe na mente, e vibrando.

Lentamente, retorne da meditação. Ela pode ser feita quantas vezes você precisar; adapte e atualize, a cada vez, os seus planos. O futuro é flexível, mas começa sempre a partir de você.

muitas pessoas têm pouca
energia no presente porque
muito dela ficou presa no
passado, que já se foi no
tempo mas ainda
vibra na mente.

5.

O agora

DÉCIMA DESCOBERTA: *MINDFULNESS*

a mente em atenção plena

A mão tocava a flor suave. A cor rosada inundava os olhos, pura e intensa. A textura aveludada acariciava seus dedos. No centro, grãos de pólen amarelos, o pó que deles cai suavemente tocando as pétalas. Sentia a flor, a observava; e tão completamente que a mente se organizava. Pensamentos se alinhavam, o passado sumia, o futuro nascia do presente, só um segundo a cada vez. Ele sentia a respiração, ele sentia o corpo. Colocava-se na mais completa *atenção plena.*

Sobre suas pernas sentia seu peso. Assim como havia tal peso, havia energia. Ele sentia, ele sentia. Fluida, presente, a energia física dos músculos respondia a seus movimentos, com a força e o metabolismo, o sangue e os tendões. Sustentava o corpo e o movia.

A flor permanecia à sua frente, delicada, entre os dedos, ainda na planta. A cor brilhava. Aproximou seus olhos e na sua visão o rosa dominava, vibrante na pétala, suave no miolo. Rosa de carinho, rosa delicado; rosa de carícia e abraço, rosa de leveza e acolhimento. Sentia a cor e a vibração da cor. A sua emoção respondia: vibravam nele os significados do rosa. Ele os aceitava. Sentia a delicadeza e as outras nuances. Traziam memórias que ele ignorava, as fazia passar. Ele estava no presente, em *mindfulness* absoluta.

O ar da manhã entrava em seus pulmões. A cada respiração o jardim se tornava parte dele. O ar das plantas, o verde ao redor, ele, a flor.

Inspirava fundo; expirava mais lentamente. O ar o ajudava na arte da atenção plena. Em seus braços, a brisa leve andava pela pele.

Sons distantes. O cortador de grama bem longe, que mal se ouvia. Pássaros que cantarolavam e pássaros de longa cantoria, e mais uma cigarra tardia e dedicada. Ele sentia o ar nas narinas fazendo, também, um barulho leve.

Em atenção plena, fechou os olhos. Ele era parte da sinfonia. O ar entrava, o ar saia.

Não meditava ainda, mas estava em um estado meditativo. A atenção plena.

O mundo não era um desafio a ser vencido. Era uma grande vida, da qual fazia parte.

A paz não era uma fuga. Era um encontro sereno com a realidade percebida ao silenciar-se.

O alívio que se espalhava não era fugaz ou passageiro. Era a liberdade de estar desprendido de seus pensamentos.

a arte de mindfulness

Mindfulness é a arte da meditação na sua forma mais clara e acessível, chamada em português de atenção plena. A pronúncia correta em inglês é *mind*fulness, com ênfase na primeira palavra, e não mind*ful*ness, como é comumente chamada. A palavra original, na língua páli dos budistas tibetanos, é *satí*. Essa técnica é poderosa porque é simples — nela nada falta, e assim consegue atingir altíssimos estados da consciência.

A atenção da mente existe em principalmente dois estados: *observar* e *analisar*. O verbo do primeiro é *sentir*; o do segundo é *comparar*. Ambos são utilíssimos. Um percebe e capta; o outro conjectura e analisa. Na verdade, a civilização toda — do fogo até a eletricidade, das cavernas aos edifícios — foi criada com as duas partes, trabalhando juntas. Mas seus efeitos em nós são absolutamente diferentes.

A parte analítica da mente, que prepondera no lado esquerdo do cérebro, busca o fechamento. Ela encerra, termina, completa; analisa e julga; define e age. No corpo, ela intensifica hormônios de ação e estresse, necessários em boa dose, mas nocivos quando em demasia.

O lado observador, preponderante do lado direito do cérebro, vibra na expansão. Ele mergulha, vê, ouve, sente; recebe e acolhe; relaciona e pertence. No corpo, ele produz hormônios de percepção e relaxamento, fundamentais também na dose certa.

Durante milênios, os dois lados da nossa mente agiram em relativa harmonia. Mas a civilização atual enfatiza, inevitavelmente, o lado analítico-comparativo, do lado esquerdo do cérebro. Ele é tão útil para que a gente triunfe na vida de hoje que se tornou forte demais, poderoso e dominador. Seguimos mancos, desequilibrados.

A maior parte do entretenimento que existe hoje é resultante desse desequilíbrio, que dá no desespero da nossa vida moderna. Buscamos, para relaxar, esse tal de entretenimento — o Instagram, os filmes com cenas rápidas e muitas explosões, os diálogos curtos, as frases de efeito, o raso contexto. Todos estes alimentam a parte analítica-comparativa da mente, mas em pequenos pedaços, doses curtas, de fácil digestão. Um texto de três frases, analisado e comparado, e pronto! Sigamos adiante. Uma música repetitiva que tenha significado, mas pouco e raso — e lá estará a mente esquerda, satisfeita. São aperitivos de pequenos bocados, junk food mental, que faz a mente se acalmar, mas nada de relaxar. Entretenimento raso entorpece a mente em vez de a aguçar.

Quando isso acontece, a outra parte, observação-sentir, é afogada pela dominância inevitável de sua irmã. Mas é ela que traz a paz que querermos de verdade. É dela que vem o sorriso sem motivo. É a alegria de sentir uma cor e a achar tão bela que a beleza continua com você, internalizada e levada junto. É ouvir a chuva e a sentir. É pisar na grama. Sentir a outra pessoa como sendo parte de você; sentir-se sendo a vida que em tudo existe e flui.

Mindfulness é uma técnica eficiente para reequilibrar os dois lados.

Um dia, há muitos anos, chegou até mim a notícia de que uma médica estava tendo experiências parecidas com aquelas que os monges têm. Lá no monastério, nos enviaram um TED Talk (porque éramos monges sem eletricidade em nossas cabanas da floresta, mas tínhamos Macs na sala de trabalho; descalços e em trajes simples escrevíamos e trabalhávamos mesclando ensinamentos ancestrais e tecnologia atual).

Dra. Jill Bolte Taylor, uma neuroanatomista de Harvard, contava no TED que teve um derrame. De seu lado esquerdo do cérebro, analítico-comparativo, pouco sobrou. Ela perdeu a linguagem, a matemática, a sensação de limites e limitações. Um fenômeno fascinante aconteceu: aliviado da presença opressora do hemisfério esquerdo do cérebro, o lado direito passou a dominar. Ela observava-sentia. Para ela só existia o presente, sem passado nem futuro. Como monges, ela via energias coloridas, auras ao redor de pessoas, sentia sem julgar. Não compreendia palavras, mas captava a intenção de quem se aproximava. Sentia-se maior do que seu corpo, sem ser limitada pela pele. O imediato e o verdadeiro reinavam. O que era sutil reinava; o que era exagerado ou bruto não fazia sentido. Dra. Jill, sem planejar, entrou na *consciência de monge.*

A médica passou por experiências quase iguais a de monges do mundo todo; eram, talvez, mais intensas. Forte demais para uma principiante da meditação, mas conhecidas dos mestres e citadas em detalhes nos antigos livros e escrituras budistas e indianas. Ela sentia que era a consciência; ela era energia; ela existia apenas no presente. Atenção pleníssima, *mindfulness* absoluta.

A doutora levou anos para se recuperar dos danos no hemisfério esquerdo. Liguei para ela, para conversarmos sobre a experiência da feroz iluminação-relâmpago que ela havia tido. Ela recuperou devagar a fala, o movimento, a lógica – ferramentas indispensáveis, provando que um hemisfério não pode viver sem o outro. Boa mesmo é a harmonia.

Ensinou-me que quando nós somos crianças, até dois anos, os dois lados do cérebro são quase iguais ao que fica sendo o lado direito, o hemisfério do observar-sentir. A partir dessa idade, o esquerdo toma uma nova direção e se diferencia completamente. O direito continua a se desenvolver, mas sem divergir de sua estrutura. Isto me vem à mente quando mergulho na atenção plena: é simples, eu não a posso complicar, ou não a atingirei. Uma criança de um ano e meio a consegue ter, absorta e concentrada em um brinquedo.

Claro, usaremos *mindfulness* de maneira diferente de uma criança, mais ampla e ordenada, de longa duração. O princípio, entretanto, é o mesmo. A pureza de uma criança, como celebraram tantos mestres. "Vinde a mim as crianças, pois delas é o reino dos céus."

Assim, *mindfulness* é algo que você já faz, como a criança que você era fazia. A mente analítica-comparativa cresceu demais, dominou você, e então ficou desafiador retornar a esse estado de luz.

A meditação é, sempre, uma busca da libertação. A consciência aprisionada é a origem de todos os sentimentos confusos, de todo sofrimento, da censura prévia interna e dos preconceitos; é a pequenez da mente, a renúncia à nossa grandeza em potencial. A consciência libertada flui, alimenta as ideias mais elevadas; não se prende em erros e comiserações; abunda em compaixão. A liberdade é o estado mais natural da consciência.

Neste livro, a palavra "luz" está bem presente. É usada como metáfora e como substantivo concreto. Metáfora para a alvorada em você, o ato de sair da escuridão da ignorância, para descobrir aquilo que ali estava na sua vida, mas que, na penumbra, você não via. Substantivo concreto porque nas meditações a luz é mesmo uma energia, a mais pura que entra na consciência que temos aqui na matéria; e a sentimos e a vimos, de olhos fechados, com a nossa mente, o olho interno e a terceira visão, o *ājñā chakra* — que é a capacidade que todo humano tem, mais ou menos desenvolvida, de enxergar outras camadas da realidade e energias mais sutis.

A luz não pode ser poluída permanentemente, apenas sobreposta por um curto período. Se dois fachos de luz se cruzam, um muito forte e outro um pouco apagado, ainda assim eles nunca se misturarão. Seguem adiante, límpidos.

Mas a luz, que como a consciência não pode ser para sempre obscurecida nem perturbada, poderá ainda assim ser aprisionada. A tal da velocíssima velocidade da luz, de fótons e suas ondas, medida por Einstein e outros cientistas, é constante quando é livre, quando não há obstáculos e ela percorre o vácuo. A luz fica — sabia? — mais lenta quando está dentro d'água. E mais lenta ainda em outros compostos, presa em um meio que não é o dela.

mindfulness é algo
que você já faz.

a meditação é, sempre,
uma busca da libertação.
a consciência aprisionada
dá origem à pequenez.

Até a luz é aprisionada. A sua consciência também é. Eis o porquê de a meditação ser uma busca da libertação.

Para que os seus preconceitos (que acontecem quando a sua luz fica presa no seu medo) se dissolvam. Para que sua depressão (quando a sua luz fica presa no passado e na frustração de um futuro que não virá) se dissipe. Para que a coragem, que vem da consciência da luz fluida criando possibilidades; e a compaixão, que vem da consciência da luz reconhecendo a sombra; e a leveza, que nasce da consciência da luz em constante movimento — se expressem em todo o seu ser.

Como água parada, a consciência que não é livre adoece. Isso acontece quando ela fica mergulhada em ilusões, por exemplo, ou como dizem os budistas "presa na teia de *māyā*" — que é como chamam os inúmeros erros de percepção que nos levam de engano em engano, de vida em vida, presos na teia da ignorância. A consciência também pode ficar insalubre por estar viciada em achar que só poderá ser feliz quando tiver certas e específicas posses, ou quando sua preferência política prevalecer, ou quando tiver o romance dos seus sonhos. Todos esses objetivos são válidos, e devem ser perseguidos com afinco e sabedoria. Mas adiar a felicidade?

O segredo mais cortante e dolorido é que aqueles que se acostumam com a felicidade condicionada e a prisão da consciência não irão se satisfazer com os objetivos alcançados. Eles simplesmente irão adiante, em busca da insatisfação seguinte, o ponto ainda pendente em uma impossível lista de exigências que a pessoa faz à vida para, só depois, ser feliz.

meditação 20: as virtudes e os ideais

15 minutos

Aprendizado: *O centro e a periferia do ser*

Temos todos em nós coleções de preferências, de vivências, de memórias. Esta música, aquela banda; este ator ou atriz; este país. Os sabores, os sons, os desejos. Isso nos marca e define.

Entretanto, no âmago da consciência, não cabem objetos ou ideias concretas. A luz interna transcende a vida material. Na sua natureza mais profunda, o que define você não é a coleção das tendências pessoais — que são mutáveis e temporárias — e sim os ideais, os valores e as prioridades.

No centro do seu ser, há a luz. Ao redor dela, o mais abstrato, que define sua vibração e a sua verdade. Depois, na borda, as passageiras preferências que estruturam a personalidade.

Início

Consciência corporal, respiração e presença no agora. Toda meditação assim se inicia. Veja a técnica na meditação 6 deste livro.

1º passo

A vida concreta existe. Sinta-a; é o corpo, os sons distantes ou presentes, o ar que bate.

Mergulhe na vida interna. Mais profundo e mais profundo ainda. A cada vez que aparecer um pensamento, deixe-o para trás, buscando a essência.

De cada memória, busque o abstrato. Qual a mensagem? Qual o sublime e qual o sutil?

Vá em busca de sua identidade. Recuse os pensamentos concretos; aceite aqueles que são abstratos e que revelam a você os seus valores, na borda da alma. O que é realmente importante no seu ser?

Amor, dedicação, gratidão; natureza, respeito: estes são exemplos do que você pode encontrar.

Visite cada um deles com a sua atenção. Deixe-os vibrar, ao receberem sua energia. Isto é você. A sua definição deve se basear neles, para que a ilusão não o controle e crie a prisão do ego.

Perceba, então, sutilmente, que todos eles são ligados a uma luz sua, central na consciência. Sinta a luz, que é você; e então perceba o que há de mais alto na sua identidade, os conceitos fundamentais da vida. Esta é a sua verdade.

2º passo

Tendo encontrado o núcleo da sua vida e do ser, desça gradualmente, na meditação, para outras áreas da mente, mais concretas.

Lembrando-se claramente de quem você é na verdade, observe os pensamentos que agora vêm. As preocupações, suas ações e atitudes, as posturas. A maioria não fará sentido.

Busque a paz da coerência. Veja o que faz parte da personalidade, que é a sua borda. Energize aquilo que dá coerência, alinhado aos valores internos; dissolva e retire-se da energia daquilo que é ilusão e ego.

Quando terminar, sinta a paz do silêncio coerente. É o encontro consigo.

a maravilhosa mente meditativa

Mindfulness é uma técnica maravilhosa.

Ela faz a luz da consciência fluir mais livremente, na hora, e a traz intensamente ao presente. Com a determinação firme da força de vontade, com a concentração no observar-sentir, a luz aprisionada nas pequenas coisas se tornará novamente disponível, leve e plena.

A atenção plena, *mindfulness*, é uma meditação potentíssima e muito útil. A força dela vem da disponibilidade, porque pode ser feita em qualquer lugar e até mesmo de olhos abertos, e da facilidade de entender o conceito e aprender a fazer. É a mais fácil de ser repetida e também a mais estudada pela ciência, com efeitos comprovados nas maiores universidades do mundo.

Mas atenção plena não é o estado mais profundo. Há muitíssimas outras meditações, que causam descobertas, desatam ou cortam nós, revelam energias, mudam a programação da mente, causam epifanias e experiências místicas inigualáveis. Cada qual tem sua utilidade.

Não há entretanto meditador experiente no mundo que, quaisquer que sejam suas outras técnicas, não use a atenção plena.

Ela é usada para manter a elevação entre uma meditação e outra. Os meditadores que se elevam de manhã ao meditarem cedo, sejam monge ou empresário, mãe ou executiva, sentem-se excelentes depois da meditação. A consciência estará livre: a alegria vem suave, o mundo faz sentido.

E o dia começa. Árduo, com seus atritos. Há alegrias e ternura e entendimento; mas há também o caos, e a sombra da ausência de clareza em si e nos outros, o cotidiano cansativo, os desencontros e a fala incessante. Lenta mas progressivamente, a elevação vai embora, e o estresse se alastra como uma epidemia, transferindo ansiedade de outras pessoas para o meditador que havia se livrado disso, um contágio por contato. A energia cai, a poeira volta.

Quem sabe meditar, sabe manter o *estado meditativo* com atenção plena — principalmente fora da meditação.

Quando a atenção se prende a algo — a qualquer coisa — ela troca energia com aquilo. Observe algo triste, e pronto! — lá vem a tristeza brotar em você. Mergulhe a atenção em um sonho positivo, e você sentirá alegria e otimismo. Em qualquer dia comum, cada interação é um convite. As situações e as pessoas exigem, e têm razão de pedir, que você mergulhe mentalmente em cada assunto.

Mas raramente as pessoas apresentam algo com a neutralidade necessária. Vêm com um assunto para ser resolvido, e o catalogam como "problema", pingando de ansiedade e cansaço, rotulado de ameaça, cheio de emoção e medo e letargia e apego. Na verdade, e na atenção plena, ele é apenas um fato, uma situação, ou uma pessoa que passa por algo. Aquilo que mais pesa não é a realidade, mas a interpretação da realidade — que vem oferecida e imposta por pessoas que não têm a clareza que tentamos manter.

Ao focar a sua atenção, você participa da interpretação coletiva daquilo, e é afetado por aquela energia.

É impossível viver sem ter, em algum momento, a atenção focada naquilo que não queríamos. A solução é agir como o beija-flor: ele toca a flor, suga o néctar, recebe o pólen e o açúcar necessários — e se retira. É esta a estratégia de todos os meditadores, fora da meditação. Mergulham no mar profundo das opiniões, onde há tubarões e conflitos;

vão em busca da pérola. E assim que a encontrarem, retiram-se, libertados, para voltar a respirar lá fora, antes que o mar os afogue.

Parece difícil? Não, é facilíssimo, é simples. Requer apenas treino.

A mãe meditadora vê as crianças vindo correndo, ouve a gritaria. A sobrinha caiu da árvore, eles gritam! O cotovelo está sangrando. As crianças berram e apontam erros, designam culpados; trazem uma nuvem de emoções carregada de medo e culpa e expectativa; e afeto pela menina querida machucada; e excitação pelo momento. A mãe meditadora respira; mergulha a consciência até o fato central: a sobrinha ferida. Caminha até ela, não era sério. Toma as providências. As opiniões e pensamentos, dentro dela, a ameaçam sufocar: não deveria ter deixado as crianças sozinhas, o-que-iriam-pensar, o-plano-de-saúde, e-se-fosse-grave, tudo atropelado. Ela respira. Usa *mindfulness*, foca na atenção plena; retira-se do que não é necessário, dos pensamentos supérfluos. Carrega a sobrinha em seu colo, sentindo a compaixão pela dor, afastando a ansiedade que a tenta dominar. A criança também se acalma. A meditadora observa e sente cada passo no chão, cada árvore, cada folha da grama. Respira. Nada se quebrou. A atenção quase ficou presa em mil armadilhas, mas ela conseguiu focar-se no real, iminente e verdadeiro. Usou o estado meditativo, mesmo fora da meditação. A paz retorna a ela, e ela a divide com quem está ao redor.

Outra meditadora, que é diretora de uma grande empresa, está sentada em reunião arrastada e sem rumo. Subitamente, um colega perde o controle; com a voz elevada, esbraveja e acusa. Os olhos esbugalhados e a pele avermelhada mostram a ausência da racionalidade. Todos se assustam, e ela sente, no fundo da consciência, que irá se assustar também — mas ela se retira como o beija-flor faria, na sua mente. Observa a cena: o sol que entra pelas persianas, o furor da reação das pessoas, a colega que chora no canto. A meditadora vê o homem descontrolado, sem julgar se ele é herói ou vilão, bom ou ruim: observa. Recusa-se a analisar aquilo que ele diz, argumentos poluídos pelo descontrole. Sente a tentação de indignar-se, uma fúria que sobe como mel de pimenta incandescente. "Eu não sou isto", pensa. Em um momento que leva só segundos, imagina por um instante de onde vieram essas pessoas, as dores que elas carregam, seus sonhos. Ali ela encontra o fio da compaixão. Segue-o e se retira mais ainda: encontra, no coração, a lembrança da verdade que ela visita todas as manhãs ao meditar, uma sensação de amor intenso pela vida, a decisão de ser feliz. Foca a atenção plena na sua verdade, como o beija-flor. Ali encontra força. Alguns momentos passam, uma breve eternidade. Fortalecida, ela desce a escada da consciência. Tem agora a clareza para falar. Exige que o colega se retire, para voltar mais calmo, quando será bem-vindo por todos. Ela fala com autoridade e doçura, gentil e inquestionável.

meditação 21: mindfulness

(o tempo não importa)

Aprendizado: *O maior interesse*

Um dos maiores obstáculos para a prática de mindfulness *é a mente pouco treinada em experimentar aquilo que é maravilhoso.*

A vida é extraordinária. Cada detalhe, tocado pela atenção plena, pode se revelar interessantíssimo. Cabe um universo em miniatura em cada gota d'água.

Melhorar a prática de mindfulness *é descobrir que absolutamente tudo tem incontáveis ângulos, e navegar por eles, mantendo o interesse.*

Início

Consciência corporal, respiração e presença no agora. Toda meditação assim se inicia. *Veja a técnica na meditação 6 deste livro.*

1º passo

Mantenha os olhos abertos. Sinta a sua presença, como a mais interessante de todas as experiências.

Observe onde está, tanto no mundo sutil quanto no concreto: sinta e veja os objetos, as energias, os ruídos. Aceite tudo, mas não permaneça em nada.

Onde quer que a sua atenção ande, encontre ali a perspectiva mais extraordinária de todas, mais inédita na sua consciência. Não são conjecturas nem opiniões: é um outro olhar.

Mantenha a consciência livre, fluida. Não pare por muito tempo em nada.

2º passo

Feche seus olhos. Apenas exista, nada mais.

A atenção está atenta apenas à atenção em si.

Como um mergulhador olímpico antes de saltar, como um astronauta antes do lançamento, mantenha a plena e atenta concentração em nada além da atenção em si.

Fique neste estado, chamado de kaīf, por alguns minutos, o quanto conseguir.

Esta meditação é profundamente renovadora.

Quando retornar, utilize a energia e a clareza que vêm dela para concretizar o que você quiser.

a permanência do estado puro

Mindfulness nos protege de cair até os níveis baixos da consciência, de levar a atenção até onde ela fica aprisionada.

Toda troca de energia requer conexão. Assim, ao estar conectado com o agora, você se protege do passado e do futuro, e se protege das emoções dos outros, do peso que vem atarraxado em opiniões, diálogos e ideias.

É claro que você pode recordar, ou planejar o que virá. Mas se mantiver a atenção livre, fluida, você não será prisioneiro de um passado que acabou ou de um futuro que não chegou, com pensamentos repetitivos sem fim, gerando depressão ou ansiedade.

Trocar energias com as pessoas é maravilhoso. Abre o nosso coração; faz-nos entender o que o outro passa. Ninguém, sozinho, tem todas as ideias. Somos um grupo. Você, nas suas maiores excelências, contribui naquilo que os outros não podem; e, nas suas deficiências, recebe ajuda com alegria e gratidão.

Mas as pessoas têm muitas partes. O meditador foca no positivo quase todo o tempo; e, quando foca no negativo, cumpre uma tarefa, uma missão, dedicado: para consertar o que está fora de compasso.

Expandir a conexão com energias elevadas; ser pontual e direto ao tratar das energias pesadas.

Um dia, um monge que é um amigo e um mestre, Āchārya Arumuganāthaswami, me ensinou um segredo. Ele disse, com suas barbas longas e olhos azuis penetrantes, que a troca de energia acontece principalmente pelo olhar. Se você perceber que uma pessoa vai tentar roubar sua energia, ou se talvez ela não quiser ser ajudada e apenas queira que você afunde junto — ela precisará de conexão visual, e basta evitar o contato dos olhares. O sábio monge me ensinou a olhar não nos olhos e sim no ponto central entre as suas sobrancelhas. Ela jamais perceberá a diferença; mas, com a conexão desfeita, ela se incomoda com a falta de um fluxo — ou a dificuldade do furto — e vai-se logo embora, nos deixando em paz. Raramente uso isso, mas é impressionantemente eficaz.

A atenção plena não nos protege apenas de ciladas, tropeços e ataques externos. Muito mais importante, ela nos protege de nós mesmos, da armadilha que mora na mente.

Você já, talvez, passou por um período quando sua mente parecia estar contra você? Culpando-o, de maneira severa; talvez desanimada, enumerando obstáculos e predizendo o fracasso; assustada com o futuro e incapaz de dormir tomada por ansiedade? Trata-se de uma falha normal da mente. Ela sabe pensar, coitada, e só isso. Ela exagera.

Quando a emergência vem, a mente fica difícil de controlar, seja essa urgência real ou imaginária. Nela isso faz pouca diferença: aquilo em que ela acredita é sua realidade. Quando sua mente analítica o avas-

trocar energias com as
pessoas abre o nosso coração;
faz-nos entender o que o outro passa.
ninguém, sozinho, tem todas as ideias.
você, nas suas maiores excelências,
contribui naquilo que os outros não
podem; e, nas suas deficiências,
recebe ajuda com
alegria e gratidão.

sala e domina, como um vagalhão, uma onda que afoga, uma luz que some — seja rápido: use *mindfulness*.

Está nervoso? Observe o momento. Respire e observe a respiração. Tem medo? Observe e sinta. Observe o próprio medo, como uma *coisa* que ele é; externa e alheia a você. Ele é algo, e pode ser controlado e manejado, como tudo que existe, quase um objeto feito de matéria sutil. Tem ansiedade? Converse com ela, exponha as fraquezas do que ela argumenta, traga-a para o presente: ela se dissolverá.

A atenção plena é como a água que nos limpa em um banho. Tudo é mais leve e claro depois dela. Pode ser praticada por alguns minutos apenas, no aeroporto ou no escritório, de olhos abertos ou fechados. Tudo o que é feito com *mindfulness* é uma espécie de meditação: abrir a porta, lavar a louça, beijar e amar, respirar em meio às árvores. Se você está plenamente em algo que existe no presente, isso será atenção plena.

Ao treinar essa habilidade, que vem fácil, mas se estabelece de vez vagarosamente, a pessoa que medita descobre a agilidade na atenção. Consegue colocar seu foco onde quiser, e o retira rapidamente, evitando os pântanos da mente e as opiniões que a nada levam. A atenção treinada, como a meditação verdadeira, é a chave da liberdade.

meditação 22: a evolução no tempo infinito

15 minutos

Aprendizado: *Respeito pela grande caminhada*

Tudo é como deveria ser neste momento. E, assim, as pessoas também. Elas têm direito e graça, por ordem divina, de tropeçar ou andar reto; de buscar a clareza ou o engano; de escolher alma ou ego.

Essa liberdade é limitada. A lei do equilíbrio faz com que tudo aquilo que façamos volte para nós, o karma. Mesmo assim, exatamente para aprendermos a escolher a luz — e não sermos forçados a aceitá-la por decreto ou imposição — temos todos o direito de errar.

Cada pessoa trilha um caminho. Todas estão na evolução, algumas como a mais atrasada tartaruga, outros com a velocidade do relâmpago — os mais rápidos movidos por amar a própria evolução, e não mais a temer.

É o nosso ego que não aceita que outros andem mais devagar do que nós na evolução. A alma apenas observa, não julga.

Início

Consciência corporal, respiração e presença no agora. Toda meditação assim se inicia. Veja a técnica na meditação 6 deste livro.

1º passo

Com os seus olhos fechados, busque amar.

Ame a vida, as flores, a natureza. As crianças, o mar, a brisa. Ame e sinta-se amar, atento à energia, focado nas pessoas e lugares que você sabe que sim, ama.

A partir desta vibração do amor, busque outra, específica mas próxima dela. Amor pela evolução de cada um, respeito pelos seus passos. Ame a caminhada, e os erros, de seus pais, ou filhos, ou amigos e irmãos. Respeite a pessoa que cresce lentamente; admire a que se transforma com determinação. Encontre a energia do amor abrangente, que aceita passado, presente e futuro, que vê o resultado e não os pontos de crítica e intolerância.

Amor pela evolução. Isso é chamado, na linguagem shūm, de munisiāka.

Existe um plano para toda a vida, todas as criaturas, todas as pessoas. Constantemente esse plano se altera, aceitando mudanças impostas pelas decisões de nosso livre-arbítrio. Mas somos sempre amorosamente conduzidos à nossa identidade real, a alma. Sinta o alívio e a alegria que esta energia traz, e o amor infindo dela.

2º passo

Suavemente, tendo encontrado o amor que respeita a caminhada, aplique-o em você. Ame a sua evolução. Admire e reconheça a sua vontade de crescer, sua aspiração por ser alguém melhor.

Com essa energia, dissolva em você arrependimentos, vergonhas ou cobranças. Essa vibração específica do amor faz isto.

Quando terminar, transforme a sua alegria e alívio em determinação para continuar na caminhada. A vitória não requer ansiedade, mas aceitação do que passou e empenho no presente para criar o melhor futuro.

Retorne com leveza, possivelmente com um sorriso nos lábios, e continue amando a si mesmo.

DÉCIMA PRIMEIRA DESCOBERTA: A RESPIRAÇÃO

Era um lugar belíssimo. Havia lá, antigamente, vastos campos de algodão, e com ele se faziam vestes no mundo inteiro. A temperatura era quente no verão e fria no inverno, um local acolhedor. A natureza era bonita e as pessoas cordiais com aqueles que conheciam.

Porém, o passado havia sido terrível, e deixado marcas. Era a Carolina do Sul, de plantações sem fim e escravos sofridos, acorrentados e vitimados pela ignorância que vê a forma e ignora a essência, pela temível e arrogante superficialidade humana. Era uma terra de contrastes.

Uma guerra civil foi necessária para libertar os escravos dos grilhões apertados de ferro e aço, da chibata e da posse. Outras prisões, mais sutis, permanecem.

Eu observava, em silêncio, como me acostumei a fazer. Com *mindfulness*. Nada julguei, mas percebia. Fiquei uma semana na Carolina do Sul. Ensinei meditação, semeando compaixão e autoavaliação entre aquelas pessoas, para que expandissem a consciência. Uma pessoa amada por mim mora ali, um irmão monge, meu anfitrião.

Acordei cedo para ir embora. O avião que me levaria a outro estado americano, próximo, sairia às sete e meia da manhã. Muito antes da alvorada já estava preparado, a caminho do aeroporto. Quando ali cheguei, uma moça bela, de pele negra e olhos atentos, me recebeu de imediato: era o único da fila.

Sem que ela percebesse, em um átimo de tempo, um momento breve, eu me lembrei de oferecer a ela a energia da meditação que eu tinha feito brevemente naquela manhã. Eu decidia que meus olhos deveriam emanar amor e respeito; em silêncio, com apenas um sorriso e a vibração do tom de voz, eu deveria alegrar o dia dela, usando o amor pela humanidade, impessoal e claro.

— Bom dia! — eu disse, efusivo. — Vim tomar este voo — e mostrei a ela a passagem.

— Esse voo já partiu, senhor — ela respondeu.

Senti na hora o medo subir. Estava sem nenhuma outra opção, e com pouco dinheiro. A raiva veio junto, gritando que alguém havia cometido um erro, certamente não teria sido eu, e que outra pessoa deveria pagar por isso. A confusão também veio: dizendo que era um engano, que tudo era um engano, sei lá, quem sabe, eunãosei.

Com isso acontecendo, eu respirei.

Conheço as técnicas de respiração avançadas da ioga antiga e da meditação, mas nem precisei delas naquela hora. Era o bastante apenas respirar profundamente; evitar que a inspiração ficasse rápida. Eu saboreava o ar; fazia-o entrar em mim, tomando os meus pulmões completamente. Soltava-o devagar. Acalmava-me, em silêncio.

Ela, que me atendia, estranhou a falta de resposta. "Será que é surdo?", ela deve ter pensado. Gritou:

— O SEU AVIÃO JÁ FOI EMBORA, SENHOR.

Eu, que havia me acalmado naqueles breves segundos, tive que respirar de novo. Eu sei, eu sei, pensei. Respira.

— Sim, ouvi. Mas o horário de partida era sete e meia, certo?

— Não, o senhor se confundiu. A partida daqui era às cinco e quarenta; a chegada em Chicago, sete e meia.

Respira! Eu respirava, de atenção plena no momento, sentindo o ar como se fosse o que há de mais interessante no mundo.

— E qual a solução para o meu caso, o próximo voo?

— Sairá às cinco da tarde, e a multa é de trezentos dólares.

Trezentos dólares! Respira, respira!

Minha mente tentava gritar e me culpar. Ou encontrar outra saída. Ou discutir com a moça que me atendia. Eu? Respirei.

Mais alguns momentos de silêncio na frente da atendente, que nada entendia daquele moço que parecia ter a mente tão devagar. Ela então disse, com leveza, talvez surpresa pela ausência de ataques nem reação do inusitado cliente que eu era:

— Eu vou deixar passar a multa. Apenas esteja aqui para o voo das cinco. Bom dia.

Ah! Sorri. Agradeci a ela, bastante; mais ainda, agradeci ao Alto que nos abençoa por ter recebido essa valiosa lição.

E sem agredir ninguém, sem multa, sem me exaltar, fiquei esperando a nova hora da partida chegar.

a potência do ar

Respirar é um ato simples, quase banal. Mas ele nos mantém vivos.

A respiração está intimamente ligada à atenção plena, *mindfulness*. Primeiro, e mais óbvio, porque a respiração nos oferece algo para colocarmos a nossa atenção: algo rítmico, belo, neutro, puro. Ao respirar, o ar entra, o ar sai. Os efeitos da sensação ecoam em todo o corpo. Os pulmões se expandem, o peito enche. O ar vem, delicado, vasto, refrescante; e sai depois, relaxando nossos músculos. O ar, os efeitos do ar, o ar em nós. Esta é a atenção plena da respiração.

A segunda ligação entre ar e atenção plena é esta: *a respiração controla a velocidade do fluir dos pensamentos.*

Em nossas mentes, há milhares de processos e pensamentos; eles fluem e flutuam, aparecem e desaparecem, são racionalizados ou ressignificados. Apenas poucos deles vêm até a mente consciente, o foco da atenção.

Quando a respiração permanece rápida e rasa, muitos pensamentos passam pela mente por vez.

Quando a respiração se mantém lenta e profunda, os pensamentos fluem devagar, e entre eles há preciosos momentos de silêncio interior.

As partes diferentes da mente, analítica-comparativa e observar-sentir, são acessadas por métodos de respirar diferentes. Não há ansiedade com a respiração lenta, rítmica e profunda. Nem existe letargia com a respiração rápida. Cada qual tem a sua utilidade. Na maior parte das pessoas, porém, a aceleração é disponível e automática, enquanto a desaceleração precisa de uma intenção deliberada, com a respiração correspondente.

A ansiedade não vem por pensar rápido. Quando a inteligência está disponível, o inconsciente organizado, o pensamento é veloz. O problema é quando muitos pensamentos pedem a sua atenção ao mesmo tempo, como vinte crianças gritando por atenção. Sem querer, você os deixa todos inacabados — o que dá desespero.

A mente fica aguçada e capaz com a respiração lenta. O poder de pensar e entender não diminui; a respiração na verdade o aumenta. A intuição vem; o cérebro continua raciocinando e trazendo ótimas respostas. Em uma nova forma de pensar que traz um gigantesco alívio, a mente não carrega até o seu foco de atenção pensamentos irrelevantes ou fragmentados. Assim você encontra a paz.

O que for importante e completo ainda assim virá: mais polido, eficaz e pronto, ordenado, um por vez, mesmo que rapidamente. Muitos nem precisarão vir à tona, porque serão resolvidos no profundo de você. A sua mente consegue trabalhar na sua ausência, através do subconsciente e da intuição, enquanto você medita, dorme ou está em atenção plena.

os potes de ar

As mulheres da Índia carregam, até hoje, largos jarros de água equilibrados sobre a cabeça. Em muitos lugares não há encanamento, apenas poços, ou rios. Os potes, chamados de *kumbhas*, têm o bojo grande, para conter bastante água, e o gargalo fino — para, se forem derrubados ou caírem, não derramar todo o líquido como um balde faria.

Os monges meditadores há muitos séculos, em uma data tão arcaica que nem dá para imaginar, observaram esse pote, a *kumbha*, para criar uma analogia que explicasse a respiração usada na meditação.

Eles classificaram quatro momentos da respiração: *pūraka*, *kumbhaka*, *rechaka* e *shunyaka*, ou enchimento, pote cheio, derramamento e pote vazio; nós os conhecemos como inspiração, pausa cheia, expiração e pausa vazia.

Inspiração é o recebimento, pelo corpo, de ar e *prāna*, a energia sutil. O ar vem das árvores e do mar, que fazem na terra a fotossíntese e nos dão oxigênio. Cada inspiração nossa, para trazer realmente o que nos mantém vivos, passa por uma planta. Ela converte os raios do sol, luz-energia, em alimento para ela e algo mais sutil que todos os outros seres vivos precisamos respirar. Inspirar é, na verdade, estar em contato com as plantas da terra, as gotas de chuva e os raios do sol, e absorver a energia da natureza em nós. A inspiração correta, pelo meditador, é calma e deliberada: ele enche os pulmões de ar, e então sente o *prāna*, como chamamos a energia quase tangível e física que vem com a respiração. A inspiração nos dá a energia para a vida.

A pausa cheia, *kumbhaka*, é a plenitude do ato de respirar. Depois da inspiração, nesta pausa, a consciência consegue se expandir com máxima facilidade. Ela diminui a força dos pensamentos e amplia a sensação e a percepção da energia. As mais profundas experiências vêm neste estágio. O tempo é transcendido além de seu fluxo natural. Os pensamentos param. Esta pausa expande a energia da consciência. A plenitude da consciência é sentida no momento desta pausa com os pulmões cheios.

Expiração é a devolução de um gás para a atmosfera, oco de *prāna* e reduzido em oxigênio. Conscientemente, ao expirar o ar com uma respiração atenta, o meditador espalha por si mesmo o *prāna* que recebeu do ar e que fica em si — em braços, pernas, mãos, dedos, cabeça, em todo o corpo. Expirar, para o meditador, é expelir o ar gasto, enquanto controla o fluir do *prāna* em seus canais e meridianos, os rios de *prāna* do corpo. A expiração comanda a energia.

A pausa vazia, *shunyaka*, é dissolver-se de si mesmo. É um momento de profunda entrega; naquele átimo, é fácil tocar a dissolução do ego, o desapego, a humildade e a fé, em um mergulho sem definições em que nomes não existem. A sensação de infinito potencial e do maior relaxamento é sentida nesta não-respiração, a pausa dos pulmões vazios.

O mais importante, entretanto, é a sutileza da dança ar-respiração--consciência. Como em um balé, o que for feito forçadamente não irá funcionar; o que for feito sem empenho, também não. O ato de encher os pulmões, por exemplo, ou os esvaziar até o fim, requer intenção firme... e delicadeza no fim. É como frear um carro, em que o pé pesado sobre o pedal criaria um solavanco, e a pisada indecisa causaria um acidente. É preciso parar sem tranco algum, ou a ansiedade até aumentaria. São assim necessárias na respiração consciente, assim como na vida, as duas habilidades ao mesmo tempo: firmeza e leveza.

inspirar é estar em contato
com as plantas da terra, as gotas
de chuva, os raios do sol, e absorver
a energia da natureza em nós. a
respiração converte a luz-energia
em vida.

métodos de respiração

Os atos de respirar para meditação, *prāṇāyāmas*, são belíssimos como escadas para a sutilização progressiva da consciência, a elevação do nosso ser. Serão capazes de nos levar ao alto dos arranha-céus dentro de nós, os prédios elevados com vistas belas e desimpedidas, que enxergam a vida até a linha do horizonte. Como uma escada ou um elevador, entretanto, eles têm a sua função — são um meio, não um fim. Tornar-se especialista em *prāṇāyāmas*, as respirações para meditação, pode levar você a rapidamente elevar-se, com a técnica precisa. E depois?

Quem se apaixona demais pela técnica esquece que ela tem um objetivo maior, que ela é destinada a ajudar em um caminho — e nada mais. Na meditação, é necessário usar o *prāṇāyāma* com dedicação e afinco — até que ele, lentamente, deixa de fazer sentido. A atenção já atingiu as alturas, e naturalmente deixamos o *prāṇāyāma* para lá. Na meditação mais transcendente a respiração praticamente cessa, sem a nossa intervenção. Se a atenção cair, quando a mente se distrai, novamente controlaremos a respiração, naturalmente.

É preciso aprender completamente, interiorizar, tornar o ensinamento parte de si — e então o esquecer.

As técnicas de respiração são importantíssimas, mas é mais importante deixar-se levar pela sua consciência elevada. No alto da montanha de si mesmo, na meditação profunda, depois de chegar lá levado pelo seu esforço dedicado e pelos equipamentos de montanhismo, é necessário deixar para trás as técnicas e ferramentas da escalada — para assim, livre, voar sem destino.

Respire para alçar voo — e, depois, apenas voe.

três técnicas de respiração

Estes são os princípios que o meditador deve saber para respirar corretamente.

– As respirações da meditação são feitas passando o ar pelas narinas, a não ser que seja indicado usar a boca.

– Em todas elas, é fundamental respirar usando o diafragma, o músculo logo abaixo dos pulmões e acima do estômago, que nos faz respirar com a barriga. Não use apenas a musculatura do topo dos pulmões. Sinta a barriga se mover, como se respirasse com ela. Mova o peito o menos que puder, apenas no final da inspiração e no começo da expiração.

– Quando o ar sai mais lento do que entrou, prolongando a expiração, ele causa imediato relaxamento. Não existe ansiedade que dure para quem respira meditativamente.

– Evite dar trancos. Como um veículo que freia, seja delicado e pare devagar, tanto ao encher completamente quanto ao esvaziar totalmente os pulmões.

– O *prāna* do ar entra em você na inspiração, nutrindo. Ao expirar, sempre sinta essa energia se expandindo em você, na mente, no corpo e a seu redor. Inspirar é energizar; expirar é expandir.

É simples. Não se preocupe: nenhuma perfeição será necessária para ter bons efeitos.

1. *ujjayi*, o som do oceano

Este *prānāyāma* facilita a concentração, harmonizando corpo e mente. Ele traz coragem e foco.

Conheça a sua respiração, a observe sem intervir.

Contraia então os músculos da garganta e da glote com suavidade. A respiração começará a fazer um leve som, como as gentis ondas do oceano.

Respire usando sempre o diafragma: primeiro encha de ar a área do abdômen, e apenas depois a caixa torácica e finalmente o peito e até o pescoço, sempre com um leve som.

Sinta e ouça a respiração, inspirando e expirando com um leve som.

Ao expirar, tente levar o foco da concentração ao esvaziamento do tórax, descendo em uma linha reta do pescoço ao esterno até finalmente o umbigo.

2. *trikona*, a respiração do triângulo

Este *prānāyāma* nasce da harmonia entre os tempos da respiração, sempre iguais. Ele tem o efeito de expandir a consciência e aprofundar a atenção.

Inspire contando mentalmente até quatro. Não são quatro segundos: esse é apenas um número que pode ser rápido ou lento. Segure a respiração, com os pulmões cheios, também contando até quatro; e solte o ar devagar contando até quatro.

Há uma tendência de soltar o ar rápido, e segurar os pulmões vazios até terminar de contar. Evite isso; realmente use a contagem toda para ditar o ritmo, do começo ao fim da respiração.

Inspire, segure cheio, então expire.

Lentamente, vá alongando o tempo entre cada número, um... dois... três... quatro; o importante é que a contagem seja igual nas três etapas.

Quando os pulmões estiverem cheios, perceba que há uma sensação de expansão. Mergulhe nela. Sinta e deixe-se levar. Isso propicia a ausência de pensamentos, com a expansão da consciência.

Respire sempre com suavidade, sem trancos. Continue esta respiração repetidas vezes. Foque a atenção apenas em respirar e existir.

A respiração se completará naturalmente, depois de um minuto ou mais.

Há uma variação opcional da respiração do triângulo que favorece o aprofundamento da atenção, trazendo o silêncio e o mundo interno.

Ela pode ser feita depois da primeira, ou separadamente.

Inspire contando mentalmente até quatro; então expire contando até quatro — e segure os pulmões vazios, até quatro.

Quando estiver com o peito vazio de ar, sinta a sua existência além da matéria, se aprofundando na ausência de uma identidade concreta, na certeza da consciência transcendente.

3. *panchavāyu nasya*, o vazio dos cinco ventos

Este *prānāyāma* nos impede de pensar.

Relaxe e respire naturalmente.

Depois de alguns momentos, conte as respirações, todas profundas, mas sem forçar.

Um, inspire e expire devagar; dois, inspire e expire devagar; três, inspire e expire devagar; quatro, inspire e expire devagar até o fim do ar; cinco, inspire rápida e completamente – e segure o ar, com seus pulmões cheios. Pare a respiração por esse instante. Na cabeça, a energia da consciência se expande em todas as direções. É impossível manter pensamentos neste estado. Observe a consciência expandida, veja a luz branca atrás dos olhos. Então – solte o ar; e comece novamente.

Faça a respiração do vazio dos cinco ventos algumas vezes, aumentando o resultado.

sexto segredo: a presença

O vazio não é vazio.

Quando a mente é tomada por atenção plena, mindfulness, ela percorre tudo aquilo que há ao seu redor. Com os invisíveis dedos da mente, o meditador toca seu corpo, sem se mover; ele toca os tecidos das roupas, toca os sons que chegam aos seus ouvidos. Ele sente a respiração: observando o ar, mais leve do que o seu corpo.

Como quem sobe uma escada, o meditador vai gradativamente daquilo que é material e tangível para o sutil, que só se pode tocar com a mente: do corpo sobe à respiração; das roupas sobe às sensações em si. Ele sente e vê, mas com nada interage. É a testemunha.

Aliviado das amarras que existiam em tantos pensamentos automáticos, armazenados tanto na sua musculatura tesa e tensa quanto em seu cérebro tumultuado, o meditador relaxa o corpo. A cada liberação, vai-se também um desatualizado pensamento, que alertava incessantemente para algo que não irá acontecer, ensurdecendo o meditador de tanto soar um inadequado alarme.

Ainda galgando a escada, subindo, o meditador troca o ar por algo mais sutil ainda: as energias do seu corpo. Sente aquilo que, invisível, flui em seus braços e pernas, tronco e cabeça. Controlando a respiração para que seja rítmica, profunda e agradável, ele faz com que o sublime se revele com a simplicidade natural.

Esquecido da matéria, ele sente o ar. Esquecendo o ar, ele sente as energias.

Cada pensamento que vem é recusado, para voltar apenas depois. Tudo é apenas energia, que flui, libertada. Luz líquida parece correr pelo meditador, na aura invisível, no corpo físico, na mente infinda.

Matéria, e depois respiração. Depois energia. E, finalmente, a presença.

A presença, plena e lúcida. O momento mais íntimo do meditador: ele com ele, sem a mente interferir, sem pessoas ou falas ou pensamentos intrusos.

Quando começamos a meditar, o momento de encontro com a presença de nós mesmos é fugaz, breve e fugidio: some rápido assim que alguma dor vem do corpo, ou algum pensamento surge. Achamos até estranho esse momento da presença. Temos medo da ausência, do nada, do suposto vazio.

A primeira sensação vai devagar abrindo uma porta. A presença é um dos estados mais gratificantes e prazerosos da meditação. Antes de subir ainda mais na consciência, o meditador experiente irá sempre montar acampamento no alto, pousando na própria presença. Dali ele não vai cair, mesmo que oscile a atenção na sua investigação da consciência.

Não há vazio. Onde o meditador estiver na sua mente, ele sentirá a própria presença. Ao tocá-la nas primeiras vezes ela parece pouca e fraca — e é assim mesmo, se estamos pouco atentos e meio ausentes na meditação. Quando focamos a atenção plenamente na presença — inexplicável mas evidente, facilmente percebida —, ela parece crescer e se fortalecer. Só ela passa a existir. Aquilo que parecia uma miragem se revela real; e a concreta experiência do mundo externo, uma ilusão.

Atento à presença, ele a descobre. Descoberta, ela se expande e tudo toma.

Na presença há a consciência; a energia que emana dela; e a atenção.

Nada há de limitante; não existe passado nem futuro. A experiência pode ser leve, ou enlouquecedoramente intensa, tanto faz. Basta estar na própria presença e, ao colocar a atenção nela, ali permanecer.

O vazio é o infinito potencial, e a presença é você.

6.
O ser de luz

DÉCIMA SEGUNDA DESCOBERTA: A SUA REAL IDENTIDADE

A meditação guia até a *essência*. Quem sou eu, afinal? Quem sou realmente?

A identidade real de cada um de nós é um tema essencial neste livro, e por um bom motivo. A meditação não é apenas uma maneira de viver melhor, uma estratégia de controle da mente, aliada a uma vida de autoconhecimento. É isso, e mais. A meditação nos leva à maior e mais potente transformação: descobrir a sua identidade, e viver a partir dela.

Muitas possíveis respostas de "quem sou eu?" são corretas – mas a maioria é rasa. Um número de RG, uma profissão. Um corpo, uma história, minha infância e minhas cicatrizes e vitórias. As preferências que tenho, essas emoções. Minhas ideias e meus ideais.

Não existe em todo o universo ninguém como você: com sua alma, sua missão, sua mente, suas manias e trajetória, suas preferências e a sua consciência. Mas, embora você seja único, você não é uno; e, se for desintegrado, terá muitas versões de si mesmo, conflitantes, cada uma o dominando a cada vez, por minutos ou dias.

Somos um amontoado de camadas, cada qual com a sua vibração. Emoções: às vezes contraditórias. Pensamentos: alguns nossos, e outros emprestados, que entraram em nossa mente vindos de pessoas influentes, da mídia, de pais e amigos, e nem percebemos. Vontades de nosso corpo físico, desejos de conforto e sensações, prazer e preguiça, muito diferentes das prioridades da alma.

Quem é você, afinal? Tudo isso e nada disso.

A resposta existe além das palavras e das explicações, uma verdade para ser sentida e vivida. A paz que era buscada. O silêncio interno. A confiança, a alegria: e, definitivamente, a alma.

alma, ego, eu

Qual é a definição da alma?

Chamamos de alma a essência que você é, além das formas.

A alma é aquilo que há de mais verdadeiro, puro e elevado. É ser melhor, buscar uma vida melhor, e criar um mundo melhor.

É por isso que dizemos que um filme tem alma, ou uma música, ou uma performance. É ir além da forma oca: é vibrar algo sublime, essencial e transcendente.

Para alguns, a alma é o que vive entre as vidas, quando o corpo deixa de funcionar, onde fica a consciência. Para outros, é apenas uma metáfora, a ética pura e lógica, a humanidade aspirando ao bem comum. Outras pessoas acham que a alma é a dádiva divina, a fagulha que nos conecta a uma criação bela e perfeita.

O que importa é o que você experimenta dela, na sua caminhada.

Dela, vem a luz, que é como chamamos a energia mais pura de todas.

A consciência é a expressão plena da alma, tão intrínseca a ela que nem a podemos dissociar — é como "molhada" com "chuva". Assim, dizemos frequentemente que você é a *consciência* — o que é verdade — por conta de você ser a *alma* — uma definição ainda mais precisa.

Portanto, mesmo que muitas definições de você sejam verdadeiras, esta aqui é a mais profunda, que traz a maior liberdade: você é a consciência que emana da alma e a luz que dela vem.

E qual é a definição do ego?

Chamamos de ego a sua parte dedicada à vida mundana, onde não impera a transcendência. A personalidade é a expressão visível do ego, um pedaço superficial e mutável dele.

A individualidade do ego coordena o cotidiano. Ele precisa ser entendido e respeitado para ser controlado. Frequentemente criticado, ele não é essencialmente ruim. Ao contrário: é essencial. O ego é uma construção mental que nos ajuda a sobreviver no mundo prático das coisas e da matéria. Como comprar sabão em pó? Não será a alma. Quem paga as contas, fala no telefone, tira passaporte? Não é a luz dentro da gente. O ego é a identidade, a casca, o modo de funcionamento que temos na vida concreta.

É indispensável. E, ao mesmo tempo, nos aprisiona.

Porque o ego é um mecanismo de proteção criado por nós. Ele nos ajuda a interagir, a viver. Mas os objetivos desta parte sua não são os elevados e nobres objetivos de você por inteiro — aqueles que você conhece depois de uma profunda reflexão, de um encontro com a alma, e não no calor da hora. O ego age só no mundo material. Para sobreviver, ele decidiu que precisa de dinheiro. Ele precisa de casa, e conforto; e aprovação das pessoas, e adequação às normas da sociedade, e ajuda você a conseguir, quase a qualquer preço.

Ele faz isto tudo para nos ajudar... mas do jeito dele. E exatamente por isto pode nos aprisionar: essa maneira de viver é a do ego, e não a da nossa essência.

Porque o ego não entende o que é viver no coração e ser amado por si mesmo. Ele depende, sempre, de uma referência externa. Ele não entende a fé silenciosa, apenas o fanatismo. Ali existe a esperteza, não a inspiração; a rigidez, não a confiança; o medo, não a cautela. Ele reage ao passado e a devaneios sobre o futuro. Ele não vive o presente, nem o entende.

A maioria das etiquetas e rótulos que temos na mente está desatualizada. O ego é marcado por uma distorção temporal. A ideia de sucesso que criamos há dez anos, há um — ela ainda vale? As opiniões que haviam sido importantes, as ideologias, a análise que fizemos de pessoas próximas — ainda valem? E o que eu acho de mim, o norte da minha vida, os meus valores e anseios e sonhos — ainda, será, valem?

O tempo é implacável. A mudança, inevitável. Aquilo que era não mais é.

Muitos de nossos medos são, na verdade, preocupações que já nem fazem mais sentido — mas eram, um dia, relevantes e importantes. A mente do ego é presa no passado e na ilusão de um hipotético futuro.

O meditador não é alguém que não tem um passado. Tampouco ele abandona suas referências antigas, as memórias, os aprendizados, as cicatrizes, o que ganhou e perdeu em seu caminho. Seria uma tolice, a ausência da sabedoria. Mas, sabendo que o ego é uma coleção de métodos, preferências e definições, o meditador se observa para se conhecer e se atualizar sempre, à luz da alma.

Viver no agora traz a única real liberdade.

meditação 23: alma

20 minutos

Aprendizado: *Ser e estar*

Sendo seres em evolução, o que é que em nós muda?

A alma é a identidade profunda. É ela que evolui, de vida em vida. É mais permanente do que o ego, a personalidade e o corpo. Ela começa ingênua, pura e fraca — como uma criança, ou uma pequena chama. É incapaz, quando é nova, de controlar as tendências do ego, que é levado pelo desejo, pelo medo e pela raiva. Mais madura, a alma cresce em luz e potência. De um leve fogo, ela se torna uma incandescente fonte de luz, capaz de queimar as energias ruins acumuladas no ego durante séculos.

A alma existe em um nível onde não há poluição das energias ruins. Ao longo da nossa existência, em milênios, a expansão da consciência e a jornada rumo a amar mais e maior são marcadas na alma. Ela incorpora o bom para sempre: cada passo que você der na luz é seu por toda a eternidade.

Fora dela, ficam as pesadas energias criadas pela ignorância, os karmas egoístas e pesados, os traumas, e as lições ainda por aprender.

Quanto mais madura e sábia a alma, mais ela nos guia a caminhada.

É através dela que recebemos a energia divina, como a eletricidade que se origina em uma usina distante, mas precisa de um transformador para chegar até a nós. Nosso contato com a luz maior é através da nossa própria luz, so-

mada a muitas outras consciências do nível dela, os budas, os mestres e aqueles que as religiões chamam de anjos e devas, que conduzem a nossa evolução.

Início

Consciência corporal, respiração e presença no agora. Toda meditação assim se inicia. Veja a técnica na meditação 6 deste livro.

1º passo

Na quietude da introspecção, na solidão abençoada e na companhia de si, busque o silêncio.

Respire profundamente por alguns momentos.

Então, observe aquilo que não é a alma, a sua essência mais profunda. Esta técnica se chama neti, neti, *"isto não, isto não". Sinta os seus sentidos físicos, do olfato, da audição; perceba-os claramente. Mas eles não são a alma, então retire a atenção deles.* Neti, neti. *A cada pensamento que vier, a cada memória ou emoção, cada ansiedade ou expectativa – diga para si, isto não é a alma. Retire-se, quantas vezes for preciso.*

Neti, neti.

Restará apenas o vazio da mente e do ego, preenchido por uma energia que o sustenta como matéria-prima. Ela vem da alma.

2º passo

Acompanhe, como quem segue um fio, cada objeto mental que se apresentar na sua mente.

Qual é a luz dentro da luz, a origem da origem? Retire-se do objeto e busque aquilo que o sustenta e o faz existir. Mais e mais vezes, para encontrar a fonte.

Quando encontrar novamente o vazio, permaneça nele sentindo com absoluta intensidade a sua atenção. Aumente-a e intensifique. Seja infinitamente atento a existir, até que uma explosão de luz se apresente. Esta é a chegada da alma.

Será necessário treino para permanecer nela. Nas primeiras vezes, apenas faça o contato.

3º passo

Quando perceber novamente o mundo material, lembre-se da sua identidade, de quem é na Terra. Veja se a energia que você acaba de presenciar é compatível com a pessoa que você foi até hoje.

Deixe que a vibração vinda do alto traga a força da transformação da personalidade e da sua vida. Sinta a diferença entre duas energias que se apresentam simultaneamente depois desta meditação: o medo de mudança vinda do ego, e a certeza da caminhada vinda da alma. O ego deve tornar-se transparente, a serviço da verdade encontrada.

a jornada da evolução

Se somos a alma que gera luz, como estamos aqui, presos na matéria?

O ser humano é como a praia: nela há terra, mar e céu ao mesmo tempo — em nosso caso, alma, mente e corpo, em confluência.

Quando a alma é nova (dizem, na primeira vida que tivemos), a pessoa é inocente e pura, simplória, com os olhos ainda cheios de luz. O iniciante tem brilho porque ainda não se sujou; o sábio tem brilho porque já aprendeu a se limpar.

Ao longo de várias existências, ensinam os budistas e os indianos, o ego cresce, junto com a alma. Nasce a malícia, a mente dura e ardilosa; são criadas as ações que levam ao karma. Na escola do livre-arbítrio, todas as atitudes são permitidas: a maioria nos prende na matéria. O ego, esse mecanismo de viver na matéria, se torna grande e forte, e obscurece a alma em si.

Ao longo de vidas, a alma cresce também. Um dia, a luz dela se torna tão forte que a vida repetitiva e cansativa do ego já não mais satisfaz. Dá uma insatisfação irresistível, uma crise atroz. Combater, vencer, per-

o ser humano é como a praia:
nela há terra, mar e céu ao
mesmo tempo — em nosso caso,
alma, mente e corpo.

der, novamente, e novamente, sem fim — este é o jogo do ego, que só vive na matéria; e ele finalmente cansa.

A alma deseja liberdade.

A saída deste aprisionamento não é apenas a espiritualidade, que tantas vezes fica difícil de encontrar na religião. A alma busca a transcendência: tudo aquilo que leva ao mais elevado em nós, ao ápice do humano, na simplicidade. A arte, a música; amar e ser amado; a compaixão, a literatura; a dança, a natureza; o silêncio e a presença de si. A espiritualidade verdadeira, então, nasce naturalmente disso.

A alma desperta busca saídas, interfere nas escolhas, abre portas e fecha outros caminhos; ela frustra o ego. Aquilo que mais desejávamos, já não conseguiremos. O que conseguimos já não mais sacia. As sincronicidades começam.

Os olhos, antes tornados opacos pela potência do ego, começam a brilhar novamente.

É esta a busca: o ego torna-se terrivelmente destrutivo quando nos comanda e se afasta da alma. Como um aprendiz que tenta ser o mestre, como um convidado que se acha dono da casa, ou um ajudante que quer dominar o projeto, assim o ego pode ter tomado as rédeas da vida — e isso precisa ser desfeito.

Para tornar-se, enfim, o abençoado ego, o amado ego, o utilíssimo ego, ele precisa ser enfraquecido pela alma. Às vezes em amargas derrotas, em sofrido desespero; outras vezes, sentindo o vazio que nada pode ocultar nem preencher. Devagar, ele começa a colaborar com a luz que descobrimos ser.

Durante vidas, o ego obscuro impedia a nossa natureza íntima e luminosa de brilhar, oculta pelo medo, pela maneira que ele encontrava de viver na matéria. Pesado e bruto, ele escondia a essência. Quando entramos, verdadeiramente, no caminho espiritual, o ego vai gradativamente se tornando mais leve, simples, límpido. É um processo dolorido: muitas estruturas dele são abandonadas, outras arrancadas e outras apodrecem. O que restar será leve e flexível, aberto à luz interna, diáfano e transparente como o cristal.

É nesta etapa que começa a harmonia da integração de cada um de nós. As muitas partes que somos? Ainda seremos. Mas, desconstruídos pelo impacto desse despertar da alma, nos reorganizamos em outra ordem, longe do caos que reinava. Ainda há as partes: mas nelas entrelaçadas haverá harmonia, estrutura, hierarquia, como em uma dança bela e eficiente.

O ego existe como veículo e mecanismo para que nós funcionemos na matéria. Ele funciona de maneira diferente de suas partes mais elevadas. O ego se alimenta, energeticamente, da energia das pessoas e eventos ao seu redor, contanto que sejam focados em você. A alimentação dele é chamada de horizontal: outras pessoas, todas no mesmo nível, com seus egos, trocam energia com você ao conversar, interagir, elogiar, brigar, discordar, opinar, fofocar, atritar e reconciliar; vencer e ser vencido, comparar e ser comparado. A pessoa focada no ego precisa disso para ter suas baterias carregadas. Ele abomina o silêncio.

A pessoa focada na alma recebe sua nutrição energética de forma vertical. Não vem das muitas pessoas ao seu redor, nem das interações sem fim. Ela busca, na verdade, a solidão e o recolhimento — porque estar com muita gente tiraria a sua energia, ao invés de recarregá-la. A alimentação vertical é recebida da própria alma, cada vez que você se aproxima dela. Se a distância não é medida em metros, como se aproximar? Tocando tudo aquilo que tem *alma*. A natureza, o amor sincero, a verdade da sua coerência, a compaixão. A pureza de crianças, a clareza do pensamento, a vontade de melhorar o mundo, a intensidade do propósito. A leveza, a humildade, a simplicidade, o silêncio. Alma alimenta e vivifica alma; e, ao tocar a dos outros, você é alimentado pela sua.

a alma e o significado

E agora? O que fazer com esses ensinamentos?

Eles transformaram a minha vida completamente. Eu aqui os ofereço, com amor e humildade, para que você faça o que deles quiser.

Ao retornarmos da meditação, tendo bebido da energia mais pura, a jornada que vivemos começa a ser reexaminada. Aquilo que é próximo da essência, aquilo que é importante, se aproxima, canta ao coração, chama a gente. O que é distante, que nem era nosso, se afasta.

A vida se organiza, então, de dentro para fora: o que era apenas feito de ruído, pensamentos e opiniões alheias fica fraco. Deixa de ter poder. Aquilo que era antigo, que nada tinha a ver com a essência, também perde força. Mas aquilo que é verdadeiro, que nos ajuda a criar a nossa identidade aqui no mundo, que tem a ver com a essência, isso se fortalece.

E assim, gradativamente, você se torna mais fielmente uma expressão de você. Porque, embora você seja, sim, um corpo e um ego, como formas, é mais ainda a alma que brilha, a sua essência.

O ego é rigidez, pela sua referência no passado; a sua luz é dinâmica e abraça as mudanças. É por isso que, às vezes, as pessoas de alta espiritualidade trazem uma nova proposta de existir. Sou um rebelde – me revoltei com as possibilidades que aqui haviam, fui a um monastério distante buscar outras, e aqui as entrego a você que lê.

Não acredito que é para sermos separados daquilo que há de mais sublime em nós, que é nosso, que nós na verdade somos. Abrimos mão da mais elevada possibilidade, derrotados pela matéria dura e pelo cinismo, presos em egos e tragédias criadas pela mente. Essa espiritualidade não é para de vez em quando, para ser vivida em fins de semana e viagens discretas longe do escritório, antes de retornarmos ao conformismo derrotado e encaixado que nos guia. A luz é sua, ela é para agora.

Você é a luz que buscava na escuridão.

Essa *ego-vida* é cansativa e enfadonha, sem meio nem começo nem fim nos seus fios enrolados e indagações sem saída, que nos prendem presos pela desilusão e pelo cansaço. A saída é que a vida, solta, não mais exista privada da luz. A vida precisa de alma: da sinceridade e da verdade de seu coração sempre.

Que a sua vida seja finalmente *almavida*, uma coisa só.

alcançar a alma

Depois de uma meditação profunda, fica uma energia, uma pista, que nos mostra que estabelecemos contato com a alma que somos: no coração, transborda a gratidão.

a espiritualidade não é para de
vez em quando, para ser vivida em
fins de semana e viagens discretas longe
do escritório, antes de retornarmos
ao conformismo derrotado e encaixado.
a luz é sua, ela é para agora. você
é a luz que buscava na escuridão.

É uma energia poderosa.

Essa palavra, com o gesto associado de mãos se tocando, tem se tornado comum no Ocidente, inspirado pela beleza singela de *namastê* — "eu reverencio o divino em você". "Gratidão" aposentou o gasto "obrigado" para muitas pessoas. Muito bem, mas será pouco sem um conhecimento mais profundo.

A palavra "obrigado" vem do latim, através do francês. Significa unidos por uma promessa, *obligé*, *obligare*; no latim *ob*, "a você", mais *ligare*, "ligar". Estamos ligados, pela gentileza que acaba de ser feita para mim, pela união das intenções, pela troca de favores e pela ajuda mútua. A palavra "obrigado" não tem nada de feia; é belíssima.

Ela tem um derivativo feio, "obrigação", nascido posteriormente e que indica um imperativo moral, uma dívida e um dever; e, pior ainda, ser obrigado. Isso é verdade, mas a língua corrompeu a delicada significação de lá atrás, de simples laços que nos ligam.

Nada há de errado com a palavra "obrigado"; mas a gratidão é diferente.

Para as mães educadoras e avós elegantes, agradecer é apenas parte da educação e da formação de cada um. É dizer "obrigado" e "por favor". É um dever social, uma etiqueta necessária, um código que demonstra a sua refinada postura e reconhece o valor do que é recebido.

Espiritualmente, a gratidão é muito mais.

Gratidão é a capacidade de saber-se e sentir-se amado. Sem ela, não há como receber amor.

Quando recebemos algo — o que quer que seja —, ali existe amor. Somos únicos, somos amados e precisos. Se não pela pessoa que nos ajuda, ao menos por um céu que nos abençoa, por um corpo que nos mantém vivos, por uma luz que brilha indicando o caminho da transcendência da matéria.

A cada gesto e a cada presente, podemos observar o ato material em si — nos fechando via ingratidão —, ou podemos observar o contexto inteiro — nos abrindo com a gratidão para receber esse amor.

O porteiro que abre a porta — não faz mais do que seu emprego? Se o seu coração achar que sim, você se fecha, e não receberá gentileza nem amor, mesmo que ele ofereça.

A chuva que cai – é só fenômeno meteorológico? Se assim você pensar, a ingratidão faz com que você fique molhado como Alberto Caeiro, e só. Mas, se você deixar que a gratidão abra seu peito, a chuva é uma bênção, um milagre: incontáveis gotas translúcidas, brilhantes, alimentando as árvores e possibilitando a sua vida.

A pessoa que sorri – é só interesseira? Talvez seja, mas ao empedrar-se por causa dela você também se fecharia às outras. A gratidão não é tola; ao menos, você poderá ser grato por ter percebido a dissimulação de um sorriso falso, grato por não estar no lugar daquela pessoa oca, e grato por um dia ter aprendido a não ser assim. Mais um motivo para sentir-se amado.

O abraço recebido? Mil vezes mais forte, com a gratidão. O sol que toca a face? Um milhão de vezes mais significativo com ela.

Quanto mais somos gratos, mais nos abrimos para receber o amor.

A gratidão é uma força que nos abre ao alto.

O segredo é que ela tem o potencial de ser mais forte, acelerar a nossa evolução e nos ajudar a achar nossa verdade. Isso acontecerá quando ela estiver unida à reverência.

Olhe aquilo que existe à sua volta. Não de forma básica, rasa e utilitária: realmente observe. Não há nada que não seja impressionante e extraordinário. O menor e o maior, as células de seu corpo, as folhas de uma árvore. O ar, o vento, sua consciência. As estrelas distantes, as pessoas próximas. O assombro que vem quando realmente contemplamos a magnitude da Criação, e nos sentimos pequenos, mas parte dela. É extraordinária, é infinita. E é dela que você participa, ímpar, na sua posição que ninguém mais ocupa.

A descoberta da reverência abre e expande a gratidão, tornando-a muitas vezes maior. Ser grato não apenas por um pequeno cotidiano, mas pela jornada do ser, a caminhada da alma, e a amorosa energia divina que permeia a tudo e a todos, sem explicação.

Gratidão e reverência são pontes até a alma.

gratidão é a
capacidade de saber-se
e sentir-se amado —
sem ela, não há como
receber amor.

gratidão e
reverência ao infinito
são pontes que
levam à alma.

meditação 24: gratidão e reverência

10 minutos

Aprendizado: A ordem infinita

A gratidão vem do contato com a alma. Caso contrário, ela não é verdadeira: não passa de contabilidade e de troca de favores. A profunda gratidão tem a propriedade de nos abrir para sermos amados.

Mas há algo maior do que apenas essa enorme sensação. Ao perceber que a vida segue um plano perfeito, infinito, que há sincronicidades e não coincidências, e que tudo acontece por um motivo, nós encontramos algo maior: a ordem cósmica.

Como em uma orquestra, nós podemos adicionar o nosso som a ela, e contribuir, entrando na fluidez da harmonia da alma — ou ainda fazemos a música desafinada e dissonante, nascida do ego.

A vida humana é um grande treinamento para podermos descobrir a perfeição do universo, e dela participar.

Início

Consciência corporal, respiração e presença no agora. Toda meditação assim se inicia. Veja a técnica na meditação 6 deste livro.

1º passo

De olhos fechados, concentre-se no meio do peito. A partir dele, busque sentir a gratidão, não só como conceito, mas como energia. Estenda a gratidão para cada célula do seu corpo, cada órgão que o mantém vivo.

Envie a atenção ao longe: seja grato pelas pessoas que conhece, pelas que amam e que são amadas, por aquelas que há tempo você não vê.

Traga a sua atenção para a vida de agora, e encontre todos os incontáveis motivos para ser grato. Deixe que a gratidão vibre, ecoe: ela é uma elevada energia.

2º passo

Acima da gratidão há a reverência.

A vida única que a tudo permeia, o universo divino e inexplicável, vai além da nossa vida individual. Há estrelas e galáxias, há seres microscópicos, há vastos vales e grandes florestas, há gotas de orvalho e caudalosos rios, há bilhões de humanos e trilhões de vidas. Observe e contemple.

A reverência é a energia de ligar-se ao infinito.

De olhos fechados no profundo da meditação, sinta a reverência por tudo aquilo que há, a inteligência amorosa e perfeita.

Ainda assim, você é amado e cuidado. Nada é pequeno demais, você não é. Permita que a gratidão tome o seu ser completamente, ainda mais intensa agora, acentuada pela reverência a todas as coisas.

Sinta-se pertencente ao infinito e parte dele.

Retorne da meditação diferente, para nunca mais ver a vida da mesma maneira.

DÉCIMA TERCEIRA DESCOBERTA: O PROPÓSITO

A missão, a tarefa: acima de ambas, o propósito.

É uma poderosa força. A mãe que precisa cuidar dos filhos se torna mais forte. O ativista que quer salvar a floresta não descansa. O escritor que se dedica a criar o livro não vê o tempo passar.

Mais do que isso: é a força da verdade, como era chamada na Índia por Mahatma Gandhi, *satyāgraha*. A certeza absoluta de que aquele é o caminho certo, o seu caminho, a sua meta e o seu propósito, inquestionável mesmo que a humanidade, tão enganada e cega, não consiga ainda perceber.

O nosso desejo dá força para o ego. O nosso propósito acessa a potência da alma.

Como o saber? Como o encontrar, vivendo uma vida de deveres comuns, de emprego das oito às seis, com contas a pagar? Como?

O propósito que nós buscamos não será uma cinematográfica mudança de vida, uma viagem internacional, uma voz que abre as nuvens e reverbera nos comandando. Não somos todos nós que precisamos cuidar de rinocerontes em Uganda, mesmo que alguém deva fazê-lo.

O desafio é primeiramente interno. Vencer dentro de você as forças contrárias à evolução. Transformar a raiva em empenho, a manipulação em gentileza, a hesitação em cautela, colocar a inteligência a favor de um bem maior.

O propósito não é uma tarefa só. As tarefas vêm e nascem do propósito. Ele é como um norte, que gradualmente guia a navegação da sua vida. Gradualmente, em ciclos que alternam ásperas lições e agradável expansão, você sai daquilo que em nada expressava quem é, e cria para si novas oportunidades.

O propósito tem um mecanismo interessante, uma pista. A primeira evidência de que estamos nos aproximando dele é como nos sentimos no fim do dia. A pessoa que trabalhar o dia inteiro, com total dedicação e suor, fora do propósito termina sugada e confusa. Quem trabalha o dia todo, com total dedicação, no propósito terminará o dia exausto e confiante. Um se sente gasto; o outro fica pleno.

É a fonte de energia dos dois, muito diferente – ego e alma.

Um propósito distante é como o sol de inverno: visível, mas sem calor.

Quando estamos nos aproximando do propósito, sentimos o movimento, não a estagnação. Ele é um rumo a seguir, não uma profissão nem um lugar — embora essas coisas práticas possam, é claro, estar alinhadas a ele.

A primeira batida na porta que recebemos do propósito, querendo entrar na nossa vida, é com alguma pequena tarefa. O ego, que agora se acha espiritualizado, quer iluminar o mundo!... e a tarefa que a alma traz, vinda do propósito, é tão simples quanto você comer melhor. Entender a força de seu sorriso ou da sua cara feia.

Fortalecido e bem treinado, com o tempo, o propósito vai trazendo tarefas maiores e mais interessantes. Todas elas terão algo que as liga nele. O propósito tem um tema, uma energia, uma vibração e um fio que vai do nosso coração a ele: é a expressão alegre e incansável da nossa verdade.

Às vezes, a tarefa é tão pequena e simples quanto aprender a dizer não, a considerar não os desejos das pessoas em volta, mas o bem delas. Esta é uma das maneiras de descobrirmos se algo se alinha ao propósito: ele beneficia muitas pessoas, cada vez mais — mas não o ego delas. Fazemos o bem maior, mas paramos de simplesmente agradar aos outros, que então nos estranham.

Outra maneira de percebermos se estamos no propósito é como nos sentimos ao fim de um longo dia trabalhado. Se estamos exaustos, mas serenos, então é propósito. Se estivermos sugados, exauridos, não era nada além de escolhas, karma e ilusão.

O propósito nos leva a testes.

De cuidar de um jardim, um dia ele nos pede para cuidar de uma árvore. Depois da mata, da floresta inteira. A tarefa vira uma missão maior. E quando percebemos vem o medo: queremos recusar esse convite tão ardorosamente esperado. O propósito, quando se aproxima de verdade, dá medo. O ego não entende, tem contas a pagar.

Eis a beleza: toda tarefa vinda da alma que vibra no propósito traz com ela a energia necessária para ser bem-sucedida.

É que o método dela está tão além do mundano e do conhecido que temos medo. A alma age através de *ser* — o ego busca fazer ou aparentar ser.

sétimo segredo: o mundo é perfeito

O sol nasce e se põe repetidas, infinitas vezes. A alegria e o drama humano continuam: dor e alegria, doença e saúde, crime e punição, términos e começos que são reais, mas não são a única forma de enxergar a verdade.

No alto da elevada consciência, o meditador aceita a impermanência e descobre: o mundo é perfeito.

Tudo é exatamente aquilo que deveria ser neste instante.

Isso acontece junto com o nosso livre-arbítrio, o dom de podermos decidir os nossos passos. A vida se adapta ao que decidirmos, para então darmos o passo seguinte. O mundo não é uma coincidência. Tudo existe por um motivo. Isto que nos cerca é criado para aprendermos, para crescermos: amar mais e maior, expandir a consciência.

O que acontece, a cada instante, é exatamente do que precisamos para a evolução da alma.

Ao elevar-se em meditações acima da matéria bruta, inexplicáveis na visão do ego, qualquer meditador retorna do alto sentindo-se amado e cuidado, uma energia inexplicável, uma certeza plena e ampla. Nada existe de aleatório. As bênçãos se escondem em plena vista.

Mas como explicar a tragédia, a dor e o mal?

O mundo é exatamente aquilo que deveria ser — porque é perfeito como escola, não como um hotel confortável.

Para aprendermos, precisamos de desafios. Para que nasça a responsabilidade, é preciso que haja consequências para as ações. Os budistas dizem que a maior maldição de todas seria uma vida absolutamente confortável que nunca incentivasse a pessoa a crescer, e assim a impedisse de atingir sua própria iluminação.

Nenhum dano é permanente; nenhuma despedida é eterna. Nossa vida é ilusão, e ao mesmo tempo é importantíssima. Um trabalho de cola e papel recortado feito na pré-escola é relevante não pela cola-

tudo é exatamente
aquilo que deveria
ser neste instante.

o mundo não é
uma coincidência.
tudo existe por um motivo.
isto que nos cerca é
criado para aprendermos,
para crescermos: amar mais
e maior, expandir
a consciência.

gem em si, mas pelo quanto ele ajuda a criança a crescer e aprender. A vida também.

A essência, nossa alma, é eterna. A consciência se expande. A vida é impermanente.

É preciso, no entanto, aprender que isso não nos leve à inação ou ao débil conformismo. Aceito o que é; observo. E com ações decididas e certeiras, mudo a cada dia este mundo, no espírito e na matéria, alterando ideias carcomidas e erradas, construindo vidas melhores.

Aceito o presente. Transformo o futuro.

Tudo é como deveria ser no agora — nada é imutável no futuro.

a lei da abundância

Um dia, um monge peregrino passou por uma aldeia — há séculos, e essa história chegou até nós. Deu aulas, espalhou paz e ensinamentos. No fim do dia um adolescente o procurou, impressionado, de coração aberto.

— Posso ir com você? Seguir adiante? Para sempre?

O monge, com seu rosto marcado pelas viagens, sorriu leve.

— Vamos saber. Venha; partiremos antes do amanhecer.

Saíram os dois no dia seguinte. Caminharam por horas e mais horas. O sol já estava a pino pela estrada seca, era meio-dia, quando pararam em busca de uma pequena sombra.

— O que iremos comer? — perguntou o aprendiz.

— Quando se está no propósito, há o desafio e a entrega, mas recebemos sempre o que é necessário — disse o monge.

Nada comeram. Depois de uma hora seguiram. Cansados, dedicados.

No fim do dia sentaram-se. O monge calmo, o aprendiz já assustado. Finalmente, o moço abriu a sacola que trazia, com um pouco de comida que não queria usar, guardada para emergências. Dividiu o alimento em dois; deu metade ao monge viajante, que agradeceu.

Comeram. Anoitecia. Finalmente o jovem, hesitante, disse:

— Não sei se isso de propósito funciona. Usei a minha reserva e ninguém veio ajudar. Não apareceu comida para nós.

Com a tranquilidade da fé, de quem entende leis da vida visíveis e invisíveis, o monge respondeu com clareza:

— Para mim, sim.

A boca do menino se abriu, queixo caído. Era verdade. O monge havia sido alimentado, quase que por mágica, em uma bênção inesperada. O jovem é que não recebera nada além daquilo que ele próprio havia trazido.

Gentil, o mestre disse com amor:

— Quando a hora chegar, quando você estiver vibrando no seu propósito, o desafio de cada tarefa e o que for necessário para completá-la virão juntos. Hoje você ainda precisa viver essa sua busca de uma maneira mais sutil. Você teve apenas encantamento pelo meu propósito, e por isso me seguiu. Amanhã o levarei de volta para sua vila, amigo. Descanse! E veja as estrelas que começam a chegar.

meditação 25: a floresta sagrada da consciência

15 minutos

Aprendizado: *Sua existência múltipla*

Embora seja confortante pensar que somos um indivíduo pontual, isso é uma ilusão. Somos as várias partes que nos compõem. Os muitos órgãos do corpo, as incontáveis tendências da mente, as energias diversas. É um mundo, e isso somos nós.

Cada um deles é uma camada. Você é o corpo? Aqui na vida material, sim, sou — mas não sou isso apenas. Você é suas opiniões? Sim, na mente, mas não na essência. A sua definição de si mesmo depende de um contexto: a qual nível a pergunta se refere.

Assim, a mais cristalina definição é lembrarmos ser a consciência que vem da alma e a energia que dela emana.

O que é difícil ou impossível para uma parte nossa é fácil para outra. A intuição sobrepõe-se à mente concreta; a mente forte domina as emoções; as emoções comandam o corpo. Às vezes, resolver uma dificuldade acontece ao elevar-se a uma camada superior àquela onde o problema se apresenta.

Início

Consciência corporal, respiração e presença no agora. Toda meditação assim se inicia. Veja a técnica na meditação 6 deste livro.

1º passo

Observe a respiração e os efeitos dela no corpo. Sinta a tranquilidade e a ausência do tempo. Tudo é o agora. O corpo tem paz.

Visualize e imagine-se saindo de seu corpo, flutuando acima dele. Suba mais; e mais, e mais, e ainda mais. Mantenha a mesma posição, na sua forma deste corpo de energia, da postura do corpo de matéria: as duas partes estão meditando.

Quando sentir que está no alto, mantenha-se na meditação. Observe a casa da alma: crie na sua mente ali uma floresta, ou uma praia; é um santuário. Neste altíssimo estrato dentro de si, a alma habita, e a mente concreta não consegue entrar. Tudo aqui são símbolos.

Veja-se meditando, sentado sobre a grama ou confortavelmente onde quiser. A atenção, o foco da consciência, está no alto. Naquela camada, há aquilo que você quiser, e tudo tem afinidade com a luz da alma. Observe com os olhos da mente os arredores: a vegetação, as cores, as energias, os sons. Tudo ali existe na sua mente, e é real para ela.

Esta meditação, da floresta sagrada da consciência, é usada pelos monges para atingir meditações sutilíssimas e potentes. Independente de como estiver a realidade material, do local onde estiver o corpo do meditador, ele se eleva — e meditará na morada sutil da alma.

Os pensamentos não alcançam a camada do alto, mas podem incomodar a parte sua que ficou para trás. Você é os dois ao mesmo tempo; mas a atenção está focada na floresta sagrada. Ali permaneça.

Sinta a presença da alma. Aquela é sua casa verdadeira, aquilo é você. Sinta o amor divino, inexplicável e sem limites. Permita-se vibrar em ser a luz que se é.

Apenas seja; exista na elevada consciência, no seu santuário interno.

2º passo

Desça lentamente.

Encaixe-se no corpo. Permita que as energias da alma venham e o permeiem. Sinta-as abençoando cada célula sua, cada ideia e tarefa cotidiana, cada minuto do seu dia.

A energia da alma é límpida, clara e verdadeira. Não julga.

Na sua elevada vibração, aquilo que era impossível para a matéria ou a mente se torna acessível. Abra-se para ela, sem medo.

É isto que chamamos de milagre: quando as energias de um nível alto alteram e mudam o curso de um nível mais baixo, criando o inédito e o transcendente.

Respire, e retome contato com o corpo, agora mais sutil e leve. Abra os olhos e permaneça na consciência elevada da alma, conectado ao seu santuário da floresta sagrada.

7.
A linguagem transcendente

DÉCIMA QUARTA DESCOBERTA: A VIAGEM NA CONSCIÊNCIA

a espiritualidade nua

A espiritualidade é essencialmente uma libertação, que nasce da descoberta da prisão temporária e ilusória criada pela mente. As barras da prisão são a ignorância, o medo, a confusão, a falta de clareza e a ausência de significado.

Os budistas têm uma bela frase: todo sofrimento nasce de uma ignorância. Desde algo físico, quando não conhecemos a cura para uma doença nem uma cirurgia reparadora; passando pelos sofrimentos emocionais que são curados com a descoberta de uma perspectiva; até o sofrimento coletivo desta árida e difícil vida moderna que criamos para nós.

A espiritualidade abre os caminhos, pela descoberta das leis invisíveis de como a vida pode fluir. Ela mostra o engano de nos acharmos pequenos demais — e tão grande é nosso medo de sermos frágeis para enfrentar a realidade que às vezes precisamos de um ego gigante, para nos sentirmos o rei do aquário. Ela nos mostra o mar; o infinito da vida, a necessidade de aceitarmos nossa grandeza inevitável por sermos uma parte de tudo: somos únicos e indispensáveis.

Ao nos mostrar que a realidade tem várias camadas e dimensões, a espiritualidade nos livra do imediatismo opressor que nos faz afoitos, amedrontados, tentando resolver agora, com limitadas ferramentas, aquilo que será resolvido pela vida em si. Quem não tem nenhuma espiritualidade mal vive: só resolve assuntos e mais assuntos e mais assuntos, na esperança de sobreviver, na ausência de um significado.

Por ser libertadora em sua essência, a espiritualidade não poderá ser presa. Não cabe nas religiões, nem nos livros, nem nos sermões.

Ela é a natureza que sussurra no vento, a expressão da transcendência que nasce quando vemos uma obra de arte sublime, é o amor de segurar um bebê no colo, é observar as estrelas, é acolher em si o lago infinito ao meditar, é amar e ser amado sem explicação nem entendimento, é descobrir-se além daquilo que cabe em nós. Tudo o que faz transcender e romper as barreiras da vida óbvia em busca da luz é a espiritualidade verdadeira.

O paradoxo é este: cada um de nós é uma alma; nós somos na essência aquilo que buscamos. Para descobrirmos isso, usamos a religião até encontrar a espiritualidade, navegando o rio até chegar ao mar.

A meditação complementa a religião, não se opõe a ela. É como ouvir falar de um lugar por anos, olhar nos mapas, ver fotos e comprar guias de turismo, assistir a vídeos e planejar a viagem. Quando o momento chega, você está lá, finalmente, depois da caminhada. A experiência é grandiosa — mesmo que as suas fotos não sejam tão lindas quanto aquelas dos guias; mesmo que o seu êxtase não seja tão forte quanto o dos santos, ainda assim a experiência é sua, e só isso importa.

Não é necessário acreditar — e sim atravessar, ir além, transcender. Existem ateus de almas lindas para quem a ética humanista é o que os guia; eles conseguem assim ir além da prisão das vontades humanas, dos medos que fazem parte de nossos corpos frágeis de tecidos e ossos. Isso é também espiritualidade.

O meditador poderá ser de qualquer religião, a amar, e a seguir sinceramente. Meditar é, porém, uma experiência pessoal, intransferível e direta no contato com o divino, o inexplicável, a alma e a essência.

As religiões? Reverencio-as e amo, todas; são admiráveis em sua capacidade de organizar as pessoas na busca interna. Admiro a beleza cultural e o brilho extraordinário dos ensinamentos que nos dão. Mas, com respeito e delicadeza, fecho as caixas que elas são, deixo as amarras que trazem, e sigo adiante.

por ser libertadora, a espiritualidade
não pode ser presa e nem cabe nas
religiões, nos livros, ou nos sermões. ela é
a natureza que sussurra no vento;
a expressão da transcendência que nasce
quando vemos uma obra de arte sublime;
é o amor de segurar um bebê no colo,
é observar as estrelas, é acolher em si o
lago infinito ao meditar, é amar e ser
amado sem explicação nem entendimento,
é descobrir-se além daquilo que cabe em
nós em busca da luz que somos.

para falar do invisível

Uma monja meditava profundamente. À sua frente o lago se estendia vasto, suas águas lúcidas e límpidas imitando o azul do céu. A outra margem não era visível, contornada por montanhas cobertas de neve em seus picos; e assim o lago parecia não ter fim.

Com a mente serena, a sábia contemplava. Deixava que a sua atenção flutuasse e andasse pelas águas, voando, rasante. Com os seus olhos entreabertos, permitia que a serenidade da paisagem entrasse em si e a inundasse. Viajava nela.

Não havia ondas, sobressaltos, impedimentos nem obstáculos. A consciência estava lisa como um espelho, vazia de pensamentos e plena de atenção. O lago era a mente, que era também o lago.

Respirava. De olhos entreabertos, sentia a plena sensação de liberdade que resulta da verdadeira espiritualidade.

Nela, o conceito de religião não existia. Ausentes estavam todos os dogmas, as bulas, as cansativas exegeses e os secos sermões. Sentia a presença divina como sentia o ar, as pedras, o lago e o chão. Tudo era uno.

Contemplando aquele belo lago, que refletia o céu, muitas pessoas tinham experiências além do que cabe nas palavras. A meditação é a chave mais direta para a espiritualidade e, com isso, leva à transcendência na qual as palavras se dissolvem. Mas ela é difícil para aqueles que se apegam a conceitos explicáveis, que caibam em palavras e conversas.

Os monges da linhagem na qual fui iniciado encontraram uma hábil solução. Se as linguagens da civilização têm dificuldade em descrever os sutis estados da consciência, uma linguagem especial irá nos guiar pela jornada da busca da alma, na sutil jornada.

Esta é a linguagem "shūm".

Somos afetados e limitados pelos nossos paradigmas, pelas crenças, pelo entendimento enraizado e fixo que as pessoas têm do mundo. Nomear é definir e é também aceitar uma perspectiva estável e compartilhada.

Os indianos iogues chamam respiração de *prānāyāma*, "controle da energia do ar": isso muda e amplia o potencial de seu significado. O esquimó terá muitas palavras compostas para descrever o que é chamado apenas de branco por quem não entende nada de gelo e das suas nuances. Os guerreiros falam palavras de lutas e golpes que o pacifista não entenderia; os santos falam de êxtase, *samādhi* e compaixão, incompreensíveis nos bares e nos becos.

o poder dos nomes

Adão, diz uma lenda hebraica, vivia e andava pelo mundo recém-criado do Éden. Tudo o que existia era absolutamente novo, e ainda brilhava com a energia da Criação divina. Eram as coisas tão intensas e fluidas, tão cheias de potencial, que ainda não haviam se compactado e limitado para serem uma coisa só. O rio se tornava árvore, a gota da chuva virava um raio de sol; o pássaro voava e se tornava planta. Adão aprendeu então com um anjo a nomear: você é um rio; você, uma árvore; você, uma pedra. Nomeadas, as múltiplas coisas não mais podiam se tornar outras; elas paravam, ficavam estáveis. Ele aprendeu que nomear dá poder. Essa lenda é belíssima e útil. Ao dar nome, podemos manejar, lidar com aquilo, cuidar, referenciar, usar e entender — incorporar aquilo à nossa realidade como um conceito tangível, uma nova referência.

Cuidado com os nomes que você dá àquilo que acontece na sua vida. Eles irão definir e cristalizar a sua perspectiva.

A palavra saudade foi criada pelos portugueses, povo de grandes navegadores na virada do século XVI. Em constante conflito com a Espanha, espremidos entre ela e o oceano, eles ganharam os mares. Navegavam. A grande atividade de Portugal era o comércio marítimo e as aventuras navais. Tantos homens saíram daquela pequena terra em busca de sustento, glória e fortuna, que as mulheres e crianças deixadas no cais sentiam a dor da ausência. Deram um nome a essa dolorida ternura no peito — saudade. Em todas as línguas do mundo, as pessoas sentem apenas *falta* do outro. Eles, pela falta, chegaram até a saudade; e assim ela é mais clara para falantes do português como conceito e ideia, mais nítida e fácil de perceber, compreender e, se for preciso, agir —

talvez criando um poema que alivie a dor, ou falando dela. Ela existe mais claramente quando a ela damos um nome.

É desta descoberta que nasce a linguagem shūm. Para que seja possível entender e nomear os estados da consciência mais elevados, os planos de luz, aquilo que é visível e inegável em elevadíssimas e possantes experiências interiores, mas que é nebuloso e intangível para a linguagem mais concreta.

Imagine uma palavra para definir o amor compartilhado entre você e outra pessoa que faz com que os dois experimentem uma abertura do coração e do chakra cardíaco tão intensa que ambos passam a amar a vida, e não apenas um ao outro? Imagine uma palavra para definir a experiência intensa de sentir um azul-claro na meditação que se estende até o infinito, inundando o meditador da paz plena? Imagine, então, uma palavra específica para designar a sensação de que você é parte da natureza e que a sua consciência se expande muito além da pele que o delimita na matéria, e que assim, como energia, você flui e flutua nas árvores, no vento, no rio, na mata e no solo? Essas palavras existem, sim.

Isso é shūm. Ele nomeia o que levaria a um parágrafo impreciso em outras línguas. A meditação — toda e qualquer meditação verdadeira — permite uma experiência direta da espiritualidade, e a linguagem da meditação ajuda a tornar isso mais claro e acessível.

Religiões resultam do uso de palavras do mundo visível para nomear o invisível. Shūm usa palavras nascidas da transcendência.

o viajante da consciência

Não se preocupe em aprender shūm agora — esse não é o objetivo deste livro. Tudo o que está aqui escrito faz parte da consciência de monge: uma outra maneira de entender, sentir e viver a vida. Em todos os outros capítulos a linguagem da meditação esteve presente nas entrelinhas, mesmo que invisível. Agora você já sabe que ela existe. Um dia, outro livro virá.

Nossa luz é essencialmente humana, é nosso direito e potencial. O que existe de mais belo vem de nós; a nossa percepção interage com o que contemplamos e admiramos. Assim como os gregos antigos amavam a beleza do corpo, o meditador ama a beleza da alma que nele habita. Sou um metafísico humanista, que reverencia a humanidade naquilo que ela tem e terá de melhor.

Até esta beleza ser expressa plenamente, há um longo caminho. O meditador entende e aceita estas metáforas que falam da sua evolução: a *caminhada, a jornada, a trilha* discreta e pura que o levará ao que é iluminado em si.

A viagem pela consciência é uma maneira especial de entender a arte de meditar.

Para o meditador, a consciência é vasta. Ele consegue mover a atenção, o foco central — mas é como um viajante que visita uma cidade: o país inteiro existe, em seus vales profundos, as matas inexploradas, os vãos do inconsciente, os cumes indescritíveis dos estados superiores da contemplação... mesmo que você nunca tenha ido lá.

Ninguém, no Oriente, fala de criar estados de iluminação — mas sim de atingi-los.

A sua luz já existe em você. Assim como existem as trevas, os medos, as raivas.

Se a sua consciência fosse uma linda fazenda, quase sem fim, você encontraria nela cachoeiras, plantas espinhosas, mudas de deliciosas frutas, campos de grãos plantados, flores, trepadeiras, musgo, árvores gigantes seculares e mato ralo selvagem. Tudo existe ao menos em semente. Cultivar essa fazenda é mudar as proporções daquilo que há nela.

O cultivo requer disciplina, planejamento, constância, fáceis para quem ama trabalhar a fazenda da consciência de si mesmo. Quando encontramos um terreno de ervas daninhas, cheio de raiva e espinhos, as retiramos devagar. E aí, muitas vezes, nosso dedo é espetado e sangra: somos pegos e quase ficamos ali, presos. Exercendo a liberdade na consciência, aquele que cultiva a si mesmo sai dali e vai adiante: coloca a sua atenção viajante em um campo de flores, uma árvore frondosa e amiga. Refaz suas energias e ânimo. Ele finalmente retorna aos espinhos para os retirar, mais preparado, com luvas e ferramentas — e planta ali as mudas de frutas que havia encontrado em outro lado de si mesmo. O tempo passa, e lentamente a consciência vai se tornando um retrato daquilo que desejamos ser, esvaziando os pântanos, irrigando os canteiros.

E talvez, no alto da montanha mais inexplorada da sua fazenda, o meditador encontre o inesperado. Uma flor mágica, inexplicável: um estado elevado de consciência. Ela é a mais alta espiritualidade, a satisfação plena indescritível; é a confiança em si e o amor por todas as criaturas. Essa flor só se abre inteira mesmo ali, no alto da montanha; mas suas sementes podem ser levadas para outras terras, mais baixas, no campo ao lado da cozinha, no sorriso do cotidiano. Dão outras flores, menores, mas da mesma planta, raios discretos da mesma luz.

Sempre haverá, na consciência, todos os estados. A fazenda ainda terá serpentes, um tanto de mato, um pouco de raivas e mágoas em cantos esquecidos. Somos humanos e isso é inevitável. Mas a vida cultivada é outra. Para o viajante da mente, torna-se mais prazeroso e acessível caminhar.

A elevação da atenção percorrendo os estados internos é gradual. Na energia, a distância nunca é medida em metros, é medida em afinidade.

Para ir de um cansaço grande, cheio de remorso e inquietação, a uma paz serena o caminho é longo. Sair de um ponto alegre para ir a uma vibração de gratidão, entretanto, é fácil.

A consciência é quase um mapa. Há locais nela, assim como no mundo concreto existem as cidades. Uns perto; outros longíssimo. É por isso que a meditação tem que respeitar um plano. Seria irreal a expectativa de sair de um estado aprisionante, pegajoso e repetitivo, típico de vibrações baixas, e atingir um estado de compaixão plena. Quando a sua mente tem um pensamento repetitivo, isso acontece porque a sua atenção ficou presa em uma área pegajosa dela, um pântano, e não consegue sair. Quanto mais elevada a vibração, menos grudento será o pensamento, mais livre e fluido.

Vamos na viagem; uma cidade por vez. Um dia, na meditação, sentimos uma tristeza específica. Dali caminhamos, determinados mesmo que com dificuldade, até a outra parte dentro de nós, onde exista o perdão, perdão por tudo, perdão por todos, até para si mesmo. Mergulhamos naquela vibração por alguns momentos, talvez até com lágrimas caindo. A partir dela, será mais fácil ir para o ponto seguinte: uma aceitação da vida, com seu contraste e altos e baixos. Depois dali, dá para elevar-se e visitar a gratidão. E, finalmente, pode-se sentir a intensa luz interna... que vai limpar aquela tristeza que aprisionava antes, mas que não conseguirá resistir à energia que o meditador vibra agora.

Ninguém iria de São Paulo ao Rio de Janeiro dando uma passada por Brasília, não faria sentido. Na mente é assim também: o plano da viagem respeita as distâncias, de afinidade e energia.

O caminho de buda e dos iogues é o caminho do autoconhecimento, do aperfeiçoamento. A iluminação não é um evento único. Encontramos progressivamente mais e mais energias elevadas em nós mesmos; e, sendo cultivadores da fazenda da consciência, as semeamos em nossas ações, valores, hábitos e atos.

O estado de atenção plena é essencial e belíssimo. Mas meditar é muito mais do que a mente vazia. É descobrir energias, revelar potenciais, enfatizar habilidades, energizar sonhos, dissolver medos e simplesmente ser.

O viajante achava que, perdido em suas agruras e preocupações, era separado do mundo. Tornado artesão de si mesmo, descobriu que aquilo que tinha de melhor era também do que o mundo precisava. Buscamos a luz por nossos motivos mais individuais; mas uma vez encontrada ela nos torna generosos, e nada mais do que somos e fazemos é pequeno.

A consciência é potencialmente infinita, infinita é a jornada, e infinito é você.

exemplos de shūm

Cada palavra de shūm é também chamada de retrato — mais do que uma simples palavra, ela serve como uma foto de um local da mente a que você pode chegar. As palavras o ajudam a entender se você está realmente lá: são descrições dali, e instruções de como ir. Como em um jogo de crianças, quente-frio, você voa e vai e flui livre pela consciência até chegar.

Tente viajar pela mente até perceber estas sublimes paisagens de si mesmo. Quando sentir aquilo que a palavra descreve, você estará lá na consciência. Veja a meditação 26.

līunasī

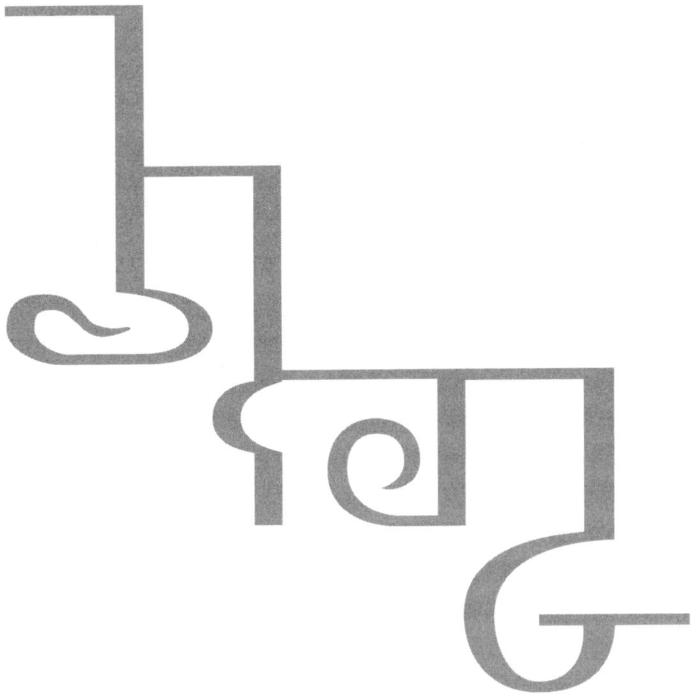

Energia correndo por todos os canais e meridianos interiores. O meditador é feito de luz. Energia luminosa se espalha por todo o ser, que a percebe como sendo expressão da sua verdadeira natureza. A luz se espalha como raios que são enviados ao mundo.

munisiāka

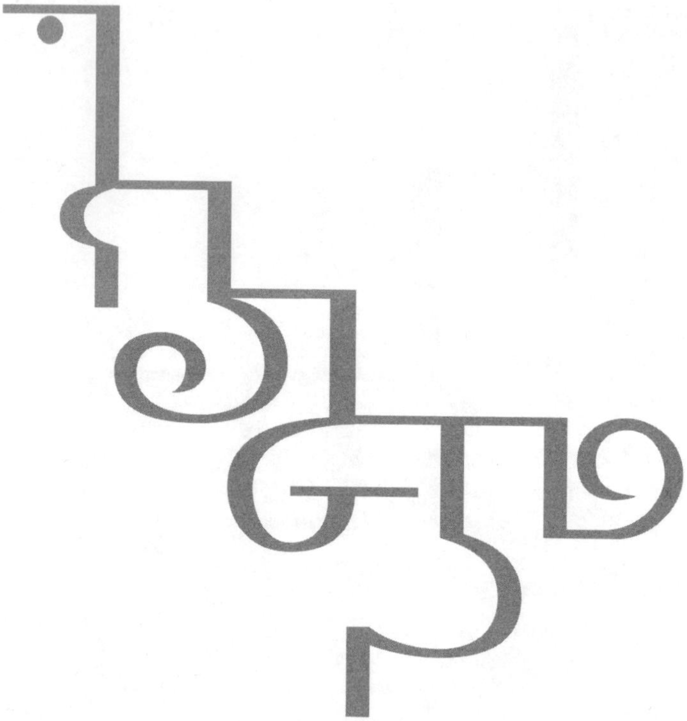

Amor por todas as criaturas e respeito pelo caminho delas. Compreensão e entendimento da evolução de cada um. Amor radiando em todas as direções, inclusive por si mesmo. Amar a evolução em si.

kamsatyenī

A perspectiva do Alto da Montanha. O meditador vê a vida como um todo. Tudo parece pequeno. A consciência é ampla, sem fim. Observação desapegada e límpida.

meditação 26: shūm

25 minutos

Aprendizado: *Viajante da mente*

Todos os estados de consciência já existem em você. Os mais comuns aonde você sempre vai, como atenção; alguns em estado de semente, ainda não desenvolvidos, que podem crescer no seu futuro; e mais alguns que você nem visita mais, perspectivas antigas e imaturas deixadas para trás.

Aquele que se torna um buda, um mestre, ainda terá dentro de si a vastidão da consciência com suas possibilidades incontáveis. Mesmo nele haverá um lugar interno da raiva ou do rancor — mas o iluminado não os energiza. Sua atenção jamais ficará aprisionada nestes estados da mente. É indispensável que, mesmo no mais avançado dos meditadores, esses estados continuem a existir; isso os humaniza e faz desabrochar a compaixão. O mais sábio tem ainda a capacidade de agir como o mais tolo — só escolhe não fazer.

A atenção flui, liberta nas altas energias; ou se estanca aprisionada em energias baixas. Aquele que sabe meditar expande a consciência e controla delicadamente a atenção, para que ela esteja focada em estados sutis, os mais elevados. Os outros, que fazem parte de sua história e dos passos difíceis da caminhada, continuam existindo internamente — mas como a energia segue a atenção, ele não os visitará, nem irá se permitir vibrar naquelas camadas ou despertá-las.

O meditador avançado sabe que a mente é um mapa. Ele caminha com passos confiantes e cautelosos, para levar a atenção às mais belas estradas da consciência.

A linguagem shūm indica o caminho e descreve o local dentro da mente. É uma busca, uma trajetória, bem parecida com a experiência cotidiana de dirigir até uma chácara ou um sítio: perguntamos, observamos, comparamos a descrição que temos com o caminho que vamos encontrando — até chegar lá. Toda palavra de shūm traz frases que nos ajudam a encontrar o que buscamos.

Início

Consciência corporal, respiração e presença no agora. Toda meditação assim se inicia. Veja a técnica na meditação 6 deste livro.

1º passo

Encontre em si mesmo o estado da consciência chamado simshumbīsī.

Simshumbīsī. *Olhos fechados, atenção mergulhada no mundo interior. Sentir a coluna, principalmente nas costas. Observá-la em si desde seu início, na base próxima dos órgãos genitais, onde fica o primeiro centro de energia, até a nuca, na cabeça. Com a intenção, criar nela uma luz intensa, de baixo ao alto. Gradualmente, em ondas, ela sobe. Do primeiro chakra ao segundo, no umbigo, ao terceiro, sobre o estômago, ao quarto, no centro do peito, ao quinto, na garganta, ao sexto, na testa. Esse processo leva vários minutos. Para cada trecho, visualiza-se a energia subindo e acendendo a coluna, como uma lâmpada. Com a força de vontade, mantemos a concentração nesta luz. Momentos depois da visualização a energia responde; ela realmente sobe em nós, e assim sentimos.*

A energia que chega ao sexto chacra se abre, como uma flor. A coluna acesa em luz límpida, a energia fluindo de baixo para cima, se abrindo na cabeça, como que pedindo bênçãos ao Alto. O tempo não tem medidas, só existe o agora.

Isso é simshumbīsī.

2º passo

Depois de simshumbīsī, *encontre em si mesmo o estado da consciência chamado* kamakadiīsareh, *e então vá a* mavūmna.

Kamakadiīsareh. *No topo da cabeça, o centro de energia mais elevado, o sétimo chakra. Ligação com a alma. Sentir a imensa energia que desce do alto, as bênçãos, em resposta à sua vontade de elevar-se e de evoluir. A energia sobe em* simshumbīsī, *se abre em* kamakadiīsareh *como uma enorme flor. Ela gira: da frente, para o lado direito do meditador, para trás, para a esquerda, um grande redemoinho de luz. Esse estado da consciência leva à ausência de ego e à aceitação da identidade espiritual.*

Mavūmna. *Um fluxo potente de energias desce do topo da cabeça, escorrendo pelo corpo. É de uma cor branco-prateada. Sinta-a principalmente na nuca. Uma luz líquida de amor sutil e transformador. Veja-a descendo pelo corpo todo, o protegendo e cobrindo.* Mavūmna *traz para a vida material as energias sublimes encontradas em* kamakadiīsareh.

Quando sentir as energias se acalmarem naturalmente, como uma chuva que termina, respire rítmica e profundamente por alguns minutos. Ao abrir os olhos, mantenha a consciência em quem você é realmente: a alma, e a energia que vindo dela habita em seu corpo, para viver a experiência na matéria.

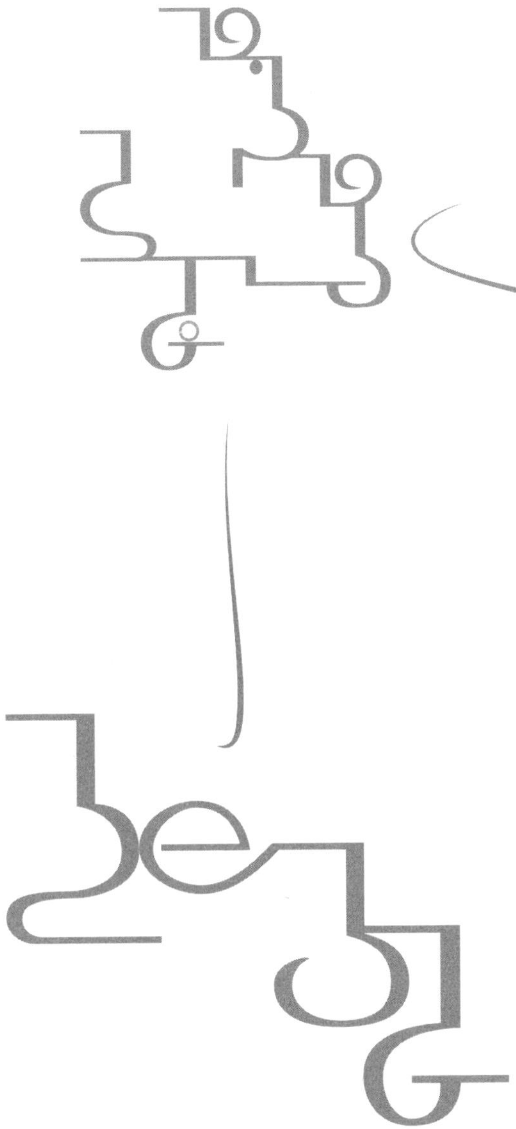

Simshumbīsī, *kamakadiīsareh*, *mavūmna*: uma meditação em três etapas.

8.
Os métodos

DÉCIMA QUINTA DESCOBERTA: ESPIRITUALIDADE É ARTE

Ciência e religião por muito tempo eram uma só.

Os reis eram aconselhados por sacerdotes e astrólogos, que estudavam as estrelas e descobriam as vontades de antigos deuses. A humanidade procurava explicar tudo baseada em uma imatura espiritualidade.

O raio caiu? O deus do trovão quis. A guerra foi vencida? Vamos sacrificar um carneiro. As secas? Vontade divina. A peste e as doenças? Algum herege fez algo errado.

Não é assim. Os níveis mais elevados de nós, da vida, é verdade, têm energias que fazem as engrenagens do mundo se moverem. Mas nada é como nos sugeriria a ignorância supersticiosa daqueles que acham que interpretam a vontade divina.

Se uma árvore cai, sua queda pode trazer uma mensagem, uma simbologia: mas é fato que as suas raízes estavam fracas. A clareza da razão é amiga da espiritualidade.

Quando as religiões – que são a mistura de culturas locais com a fagulha intensa da espiritualidade – tentavam explicar fenômenos da natureza com mirabolantes teorias, os resultados eram estranhos. A seca de Lisboa de 1506, na teoria deles, veio pela excessiva tolerância religiosa do rei. A peste bubônica era culpa de bruxas na Alemanha de 1486.

Nessa enlouquecida tentativa da religião de ocupar o lugar da ciência, a superstição imperava e a espiritualidade sumia.

Desde o Iluminismo, com a explosão da ciência, fomos libertados dessa incômoda tentativa de usar a religião como causa de tudo.

Mas as instituições e seus sacerdotes ficaram perdidos. Qual será o seu novo papel? Os dogmas estilhaçados, os mitos desnudos, e agora?

As religiões muito bem fariam se conseguissem entender que elas são maneiras diferentes de elevar cada pessoa à sua condição maior, divina, como métodos diversos, escolas e linhagens de arte, nenhuma certa, todas carregando beleza e tradição. Não têm conseguido.

Era para ser uma libertação para as religiões. Sem o peso da tarefa inadequada de explicarem o mundo material o os fenômenos naturais, suas técnicas de espiritualidade e de uma vida de significado deveriam prosperar.

Isso aconteceu, sim, mas com uma cisão. Por um lado, as instituições não conseguiram se livrar da estrutura teológica, filosófica e moral antiga, e da arrogância da autoridade perdida; religiões ruem a olhos vistos. Por outro, a espiritualidade floresce em cada ser humano, como nunca antes.

A natureza revela seus templos, e a descobrimos como sagrada. Os rituais são inventados e reinventados pelas pessoas, cada um deles uma interpretação nova.

O humanismo intelectual se cansa, e um novo tipo de humanismo espiritual se apresenta. O humano no centro de todas as coisas – mas não para entender, e sim para amar e servir, com a sua luz.

A espiritualidade é uma arte, e ela deve ser vista assim.

Na arte, não há certo nem errado, não há heresia ou dogma. Há excelência e técnica, há impacto e reflexão, há significado; deve haver esforço e precisão. A arte é uma busca da transcendência da matéria, da triste condição humana e da linda promessa que todos somos.

Cada obra é medida pela capacidade de inspirar, tocar e transformar quem a presencia.

A espiritualidade também. Cada técnica eficaz, sem dogma e com absoluta seriedade, é usada para alcançar esses efeitos. Cada pessoa é uma obra de arte.

Qual é a regra? Depende. Qual é a meta? Depende. As leis são maiores e universais, mas se aplicam delicadamente a cada caso e a cada pessoa. Quem está certo? Da Vinci ou Van Gogh? Jesus ou Buda? Seriam perguntas bobas.

Essa abrangência e esse respeito exigem abertura e maturidade.

As muitas formas de buscar a transcendência fazem a espiritualidade ficar mais fácil de ser encontrada. Ela existe em um abraço de avó, em uma noite estrelada; na respiração ritmada do meditador e na batida embalada de um músico. Há infinitos caminhos verdadeiros.

Cada religião traz um método válido. Todas têm ferramentas belíssimas, comprovadas pelo repetido uso ao longo de séculos. Ensinam orações, devoções, mantras, atitudes para sermos melhores; nos contam verdades e parábolas sobre o que há além do óbvio, histórias do que é ainda desconhecido.

São ao mesmo tempo humanas e divinas: resultantes de encontro de uma luz transcendente... com as crenças, tradições e esperanças daquele povo que viu a estrela descer, no momento do nascimento daquela religião. Isso as torna desatualizadas naquilo que ensinam de humano e cultural, fixadas no momento da origem daquela fé.

Elas tentam fazer caber um cometa em caixa de fósforo, uma estrela na sacola de pano: a espiritualidade é grande demais para qualquer religião.

Entendendo que a espiritualidade é uma arte, e assim é livre, então a caminhada será mais aberta e disponível, embora não necessariamente mais fácil. Cada pessoa ainda terá que domar o ego, controlar a mente, vencer o egoísmo, chorar e rir, sofrer e celebrar.

Assim como a espiritualidade, a meditação é outra arte. Não existe nela certo ou errado; existem apenas técnicas eficazes e outras tolas. Depende de você escolher. Os ensinamentos estão disponíveis, como nunca estiveram antes.

Você é, na espiritualidade, o artista que cria você.

meditação 27: amor pleno e puro

25 minutos

Aprendizado: *Amar na consciência*

Amor é a energia mais plena que podemos encontrar; é através dela que nos conectamos ao transcendente e ao divino. Amar é uma consequência inevitável da expansão da consciência.

O amor, na sublime definição dos místicos, é tornar o objeto amado parte de si. Ele pode nascer de uma falta que busca compensar algo com a união — como Sócrates ensinava — ou de uma expansão, que torna a união inevitável. Ao amarmos, o outro sou eu: sua alegria é minha alegria, sua tristeza a minha tristeza, seu belo cantar compensa a minha voz desafinada; somos um. O amante não se limita mais aos limites de seu pequeno ser — é maior, e existe além da personalidade e do ego, no amor verdadeiro.

A expansão da consciência é, também, crescer para além de seus limites. Quanto maior a grandeza da consciência, mais conceitos, pessoas e seres vivos cabem dentro da definição de quem o amante é. Um iluminado será ele próprio, sim, mas também será os raios de sol, as folhas de grama, os ladrões e miseráveis, os honestos e prósperos, tudo ele — em graus diferentes. Isso acontece porque, ao descobrir-se sendo a essência, ele permeia todas as diferentes formas.

Amar é tornar-se maior do que um ser. Expandir a consciência é amar, puramente.

Início

Consciência corporal, respiração e presença no agora. Toda meditação assim se inicia. Veja a técnica na meditação 6 deste livro.

1º passo

Coloque a concentração no centro do peito. Com a mente, crie ali uma esfera de luz, pequena. Faça-a brilhar intensamente. Isso estimulará o quarto chakra, anāhata. Quando estiver com uma forte luminosidade, a deixe expandir e crescer para tomar todo o peito. E então sinta o amor desta vibração.

O amor no quarto chakra é desapegado. Ele aceita que as pessoas sejam diferentes no pensar, no agir e no viver. Sente, ainda com feroz intensidade, a dor do outro, e se enche de um misto de piedade e compaixão. Aceita as alegrias da alma e as alegrias da vida cotidiana, ambas, essência e forma. Concebe o tempo como um só, o eterno presente: considera o passado e o futuro como uma grande jornada. Ama a si mesmo e a todos os seres, principalmente os mais queridos e próximos. A distância não diminui o ato de amar.

Investigue essa energia de amar no quarto chakra, e a expanda grandemente em você. Vibre nele, e ali permaneça.

2º passo

Coloque a concentração no meio da garganta. Com a mente, crie ali uma esfera de luz, pequena. Faça-a brilhar intensamente. Isso estimulará o quinto chakra, vishuddha. *Quando estiver com uma forte luminosidade, a deixe expandir e crescer para tomar todo seu ser. E então sinta o amor desta vibração:*

O amor no quinto chakra é incondicional. Ele aceita os erros e os acertos como necessários, e a diversidade de caminhos como maravilhosa. Percebe em detalhes a dor do outro, mas não a sente. É um amor tão pleno e puro que parece frio, embora não seja, porque vai além da mera emoção. Vibra na compaixão e nunca na comiseração; age com intensidade e clareza para ajudar. Celebra as alegrias da alma e se encanta com a evolução e o crescimento. Ignora a existência do tempo linear, e tudo é igualmente importante: cada detalhe e cada momento. Ama a si mesmo e a todos os seres igualmente. A distância não existe.

Investigue esta energia de amar no quinto chakra, e a expanda em você inteiro. Vibre nele, e nessa energia permaneça.

3º passo

Vibre agora o amor não apenas em seus chakras, mas em todo o seu ser. Não se preocupe com a técnica: essa energia é a sua mais primordial essência, você já a é. Expanda-a em todas as direções. Mais forte. Mais forte! Emane-a e envie para todas as pessoas, todos os rios, todos os pássaros e pântanos e árvores e santos e ímpios, para cada humano e cada grão de areia. Seja um sol de amor vibrante, por alguns momentos.

Permita-se voltar com imensa delicadeza desta meditação; ela é muito intensa. Relaxe com grande compaixão por você e seu corpo, que recebe tão forte energia. Abra os olhos com leveza, e vá cuidar de você agora em ações, amorosamente.

DÉCIMA SEXTA DESCOBERTA: A MENTE É MÁQUINA

O meditador descobre que ele não é a mente, e que ele precisa aprender a controlá-la.

Todas as técnicas ditas sagradas são aquelas que, ao longo de milênios, se mostraram mais eficazes. Nada é mais potente do que a consciência, a perspectiva alterada pela observação e o sutil controle da atenção pelo meditador. Mas existem muitos outros métodos.

Uma mente destreinada é um desafio para quem medita. Como uma criança, ela precisa ser educada. O consciente aprende logo, mas tem dificuldade de cumprir. O subconsciente aprende devagar, mas cumpre fielmente. O superconsciente dá raramente o ar de sua graça, quando sopra uma intuição, ou abre um portal para uma área elevada e inexplorada da própria consciência.

O monge entende que ele precisa coordenar isto tudo, para poder voar na meditação.

A seguir estão algumas considerações sobre as técnicas da meditação.

mantras

Um mantra é uma palavra ou frase de profundo significado, cujo som reverbera de uma maneira especial e causa efeitos na energia.

Ele pode ser em qualquer língua, embora cada uma delas tenha uma vibração específica. É melhor que o meditador use palavras que não sejam de sua primeira língua, para não criar significados intelectuais e interferir na vibração.

O mantra é repetido muitas vezes. Sua vibração é mais importante do que a comunicação de seu significado, portanto o mantra é para você, não para quem o ouve. Ele pode até ser repetido mentalmente, além do som, mas isso só é recomendado depois de uma longa prática do mantra.

Há pessoas que fazem o mantra rápido, com pouco efeito. Sua entonação deve ser clara e deliberada. Uma das técnicas é intercalar o mantra com uma respiração silenciosa, na qual você sente os efeitos da vibração.

O mais profundo e primordial dos mantras é o som OM, que é vibração intensa e pura. Ele dissolve os padrões de energia estabelecidos e passados, que não têm mais força própria e estão desatualizados.

Alguns mestres dão mantras específicos para cada aluno, de acordo com o que sentem, ou com um estudo da data de nascimento. Não é essencial que assim seja — apenas uma técnica.

Mantralizar, ou seja, falar repetidas vezes um mantra, é uma maneira eficaz de focar a mente. Ela se aquieta, principalmente se o meditador concentrar-se em todos os aspectos da palavra sagrada — seu som, seus efeitos, sua vibração no corpo, sua repercussão na energia, seu significado e seus efeitos na consciência. Esta técnica é segura para ajudar na meditação iniciante, e portanto útil. Entretanto, focar-se apenas no mantra impede o meditador de explorar a consciência e de meditar mais amplamente. É uma técnica belíssima e útil, mas muito mais forte se usada alternada ou junto com outras.

mudrās

Mudrās são posições das mãos. Eles fazem a energia correr de maneira sutilmente diferente durante a meditação.

Há duas principais. Uma delas, chamada de *dhyanamudrā* ou *yogamudrā*, é colocar as duas mãos no colo quando sentado para meditar. A mão direita fica no côncavo da esquerda, sobre ela. Os dedões se tocam, apontando levemente para fora. Esta posição das mãos favorece o aprofundamento, a interiorização e a investigação da consciência.

Outra posição fundamental é *jnanamudrā*, na qual as mãos ficam sobre os joelhos, uma mão sobre cada um, com a palma virada para cima. O dedo indicador toca o dedão, formando um círculo. Para algumas pessoas, a lateral externa das mãos, próxima do dedo menor, se encaixa nos ossos do joelho e ajuda a manter a postura das costas ereta. Esta

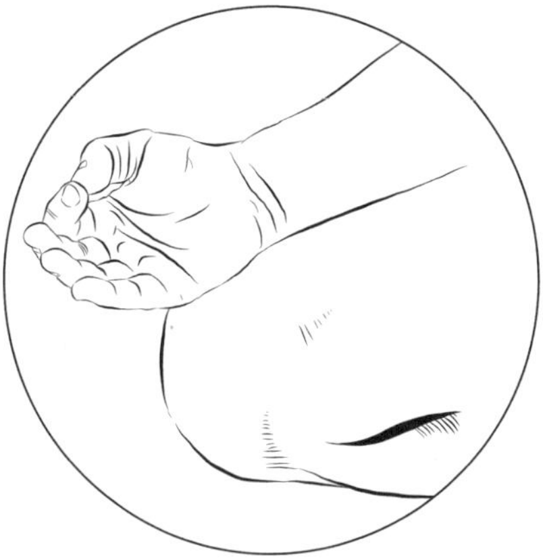 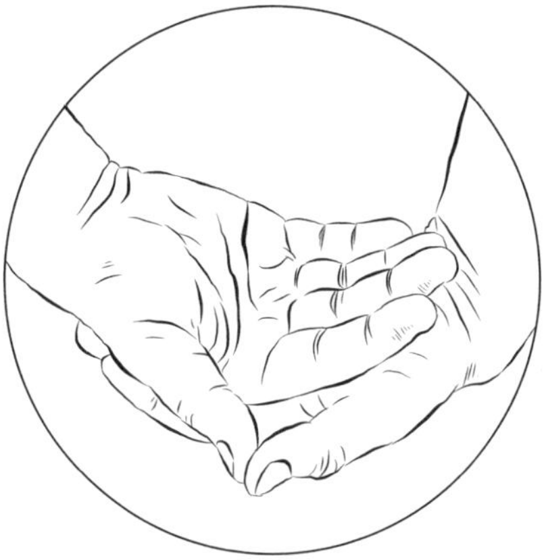

posição das mãos é excelente para emanar e enviar. É uma postura mais exteriorizada e de interação com o mundo e o ambiente.

Se for necessário meditar em uma cadeira, é possível usar o *dhyanamudrā* ou simplesmente colocar as mãos sobre as coxas — contanto que tenham a palma das mãos para cima, facilitando o fluxo da energia.

Os outros muitos *mudrās* que existem influenciam, sim, os efeitos e o fluir da meditação, mas estas mudanças são leves demais para que o iniciante ou o meditador médio se preocupe com elas. Só farão diferença para o meditador mais experiente.

a melhor postura

A coluna ereta, a mente em paz: sentar-se corretamente é essencial para meditar, como foi ensinado na meditação 1 deste livro. Estas instruções ajudam a aprofundar esse entendimento.

A espinha dorsal nas nossas costas tem uma curvatura natural, própria. Quando se fala da postura ereta, o importante é a harmonia. A coluna mantém suas mais naturais curvas, mas o corpo parece estar reto, como a nossa aspiração a subir, ao alto e à elevação. Esta postura tem uma razão pragmática: a cabeça pesa alguns quilos. Uma meditação curvada, com o peso da cabeça colocada à frente, causa dor. A meditação é uma atividade interna, silenciosa, dinâmica na mente, mas imóvel no corpo. É necessária uma postura que seja confortável, mantendo o corpo em relaxamento atento, até a meditação acabar.

Deitar-se para meditar é aceitável, mas o sono vem. A não ser que seja este mesmo o objetivo, relaxar e dormir, então a meditação será melhor com a atenção clara de uma postura ereta.

Sempre é preciso ter conforto ao meditar — pelo menos no início da meditação.

Se as pernas doerem depois, ou se o nariz mais tarde coçar, o meditador escolherá se quer interromper a concentração para mudar sua postura, sanar a coceira... ou se utilizará o desafio para mergulhar mais profundo em si, deixando as sensações físicas para trás. Não há resposta certa.

Nem é importante sentar-se ao chão, de pernas cruzadas. Essa é a postura mais adequada e prática, sim, é verdade; porém o meditador pode sentar-se em sua poltrona mais gostosa e, se encontrar a postura ereta e confortável, a mente voa.

A postura mais tradicional é cruzar as pernas sentado sobre uma almofada, bem na ponta dela, apoiando apenas a parte traseira das nádegas (ver imagem). Esta é a técnica:

- o quadril é rotacionado levemente com a pélvis;
- a curva lombar é empurrada para a frente;
- os ombros são puxados para trás;
- o peito se abre;
- a cabeça se encolhe para trás, apoiada no pescoço.

E assim, quando a postura parecer rígida, ereta demais, ótimo — era isso que queríamos. Mas agora dê um suspiro profundo, sincero, entregue, elevando os ombros — e solte-se! O corpo irá encontrar a

postura correta, ereta mas relaxada. Faça de novo: encontre a postura, que parecerá desconfortável; incline-se levemente para trás, suspire longamente, eleve os ombros — e solte! O corpo saberá a posição correta. Feche os olhos. Respire.

Esta técnica pode ser adaptada para meditação sentada, em uma cadeira ou poltrona. É a postura atenta, ereta mas confortável, o que se busca.

Quem tem dores nas costas ao meditar precisará de alongamentos, de insistência (tentando sempre meditar) e, enquanto a adaptação não vier, de conforto e bom senso: meditar em uma poltrona será um bom começo.

A postura ereta alinha as energias da terra perpendicularmente ao ser humano, e elevamos a consciência ao alto.

um plano de meditação

A meditação será aquilo que você precisar que ela seja.

Se meditar esporadicamente, terá pequenos efeitos. Entretanto, assim como é na ginástica, se você meditar todo dia terá melhores resultados.

Criar um plano de meditação é um acordo com você mesmo. Não medite porque é uma obrigação – você já tem deveres demais. Medite porque precisa e ama, porque merece. Eu medito porque me deleito com a versão de mim que sou depois de meditar, porque a vida assim me faz sentido, porque a perspectiva muda, e é mais fácil amar e saber-me amado.

A meditação terá continuidade se for feita três vezes ou mais por semana, idealmente todos os dias. Não é necessário meditar muito tempo – ela deve ser intensa, não longa.

O melhor momento para meditar é aquele chamado de *brahmā muhūrta* – logo antes de amanhecer, quando a energia dos pensamentos das pessoas da multidão já se dissipou, e as influências do dia seguinte ainda não começaram.

Tradicionalmente, o monge acorda cedo, se banha e, em jejum ou tendo comido algo bem leve, senta para meditar quando o dia começa. Não veja e-mails ou responda a mensagens. Isso ficará para depois.

Há pessoas que só conseguem meditar à noite, por conta de seus compromissos, e gostam do relaxamento de fechar os pensamentos do dia, o que ajuda a dormir melhor. É ótimo para elas, e é isso que importa.

Às vezes, em viagens ou fins de semana, é importante fazer uma meditação mais intensa, se desafiar, refletir, dar-se de presente um momento de silêncio merecido.

É importante meditar em um local em que você não seja interrompido, nem por pessoas nem por sons. Uma boa almofada no chão do quarto, um canto gostoso da sala, ou o que você criar. Quanto mais meditar ali, mais a energia se estabelecerá, ajudando na meditação seguinte. Mantenha o local limpo; ele é sagrado para você.

Para os iniciantes, é muito útil usar música. Ela inspira a viagem pela consciência e abafa os sons e os barulhos que poderiam distrair. Um meditador experiente aprende a meditar nas condições mais adversas, no caos de um aeroporto, na loucura de um shopping; mas isso virá depois. Procure ouvir Dean Evenson, com sua música relaxante e contínua, condizente com estados elevados da consciência; ou Deuter, outro artista com um estilo similar.

Cada meditação precisa, para ter maior efeito, ser repetida várias vezes. Uma boa técnica é fazer uma mesma meditação todos os dias de uma semana, e depois trocar. A exceção disto é quando as meditações se encadeiam, uma série específica criada por um mestre — então as siga, mas não saia dela.

Quem tem sono durante as meditações precisa de treino. Basta aumentar a atenção, achar a meditação interessante, para que sono vá embora. Outras ajudas são tomar um banho antes de meditar, e cuidar de dormir bem. A sua mente subconsciente precisa aprender que, agora, fechar os olhos significa uma nova possibilidade, além de dormir — ensine a ela. Foque-se e medite com atenção.

o app vivo meditação

O autor de todas as linhas deste livro gravou, durante quatro meses, 907 meditações em estúdio. Ouvir a minha voz pode guiar você na consciência e na meditação. Colocamos as meditações em um bem-feito aplicativo, que se chama *Vivo Meditação*.

O app já tem mais de um milhão de downloads. Ele ajuda pessoas no país inteiro, que eu jamais conheceria pessoalmente. De coração, agradeço a todos os que me ajudaram a criá-lo, ao amigo amado e aluno inteligentíssimo que teve primeiro a ideia, à brilhante equipe de programação, ao estúdio profissional e acolhedor onde as meditações foram gravadas por mim, uma por uma, de olhos fechados em frente a um microfone.

Sinceramente o recomendo. Ele poderá ajudar você.

É extraordinário que o conhecimento milenar da linhagem *nātha* esteja aqui, disponível nas suas mãos, neste livro e em um app de celular. Há grandes mestres, seres de sabedoria e luz nos amando e nos guiando. O mundo está diferente. Esta é a hora, a nossa oportunidade de expandir a consciência, em uma vida nova.

Aos mestres, e a você que me lê, eu agradeço igualmente.

9.
O fim e o começo

DÉCIMA SÉTIMA DESCOBERTA: A JORNADA

Você é a pessoa mais importante de todas — na sua realidade.

Só você pode transformar verdadeiramente quem você é. Longe de ser uma perspectiva egoísta, isso é uma clara aceitação da realidade. Egoísmo é querer que tudo acabe em você; espiritualidade é começar a partir de si.

Mesmo que você ame profundamente, como é sim necessário e extraordinário amar — ainda assim o presente maior que você poderá dar àquela pessoa é você, em suas melhores versões e expressões, seus atos e palavras, seus pensamentos e energia.

Você é o ponto fundamental do seu universo.

Essa é uma admissão de poder, da qual nasce a humildade. Se todos nós somos o ponto central da própria vida, a alma que se manifesta na matéria, como comparar uma pessoa com outra? Para quê? Importante é contemplar a tarefa — de ser alguém que contribua positivamente — e, determinado, cumprir sua missão e propósito. A humildade verdadeira e profunda não vem de negar os seus talentos e as suas capacidades, mas de aceitar que eles existem para criar o que você veio aqui fazer. Por maiores que sejam as suas habilidades, elas só aumentam a sua responsabilidade — e nunca deveriam aumentar o seu ego. Comparar-se? Sim, com o tamanho da tarefa a ser feita, para ver se daremos conta, ou se serão necessárias mais ajuda e bênçãos. Nunca com o tamanho daquela pessoa ao lado. Somos todos aquilo que somos: nada mais, nada menos — e melhoraremos.

O processo é conhecido e milenar: a espiritualidade é uma jornada de significado e de expressão da alma. Ela é longa, árdua e imensa-

você é a pessoa mais
importante de todas —
na sua realidade. só você
pode transformar
verdadeiramente
quem você é.

egoísmo é querer que
tudo acabe em você;
espiritualidade é começar
a partir de si.

mente recompensadora. Seus caminhos são transformadores. Assim como as peregrinações, que tentam materializar a vivência sutil, a jornada não é medida em metros, mas nas profundas mudanças que causa em nós. É desafiadora, às vezes desesperadora. É plena de esperança e amorosidade. Ela é o encontro consigo mesmo, a busca da liberdade.

A jornada é trilhada mil vezes, em cada vitória daquele que anda no caminho espiritual, cada descoberta sobre si mesmo, cada hábito destrutivo deixado para trás, cada nova disciplina alcançada. É uma viagem de vida inteira, mas seus trechos são percorridos a cada momento.

O viajante desta busca por si enfrenta a incompreensão e a crítica daqueles que ainda não partiram, confortáveis em seus hábitos, aconchegados em sua maneira antiga de ser. Vêm também o medo da solidão, os apegos, a humanidade frágil que em nós eclode, a aceitação indulgente de feridas antigas e desejos esquecidos.

Mas a alegria que nasce da jornada e do encontro com a alma é impossível de ser descrita. Aceitar-se como um ser diferente da cansada e viciada natureza do mundo, da sociedade tão mal estruturada; descobrir-se um revolucionário gentil de si mesmo, que irá retirar tudo o que não faz sentido da própria vida e construir o novo a partir da essência.

Para quem é a si mesmo, é necessário viver deliberadamente. Escolher cada gesto, cada pensamento e cada passo. Aceitar a potência em si, a capacidade de transformar o que há ao redor; aceitar o presente e criar o futuro. Quem jamais mudou o mundo senão aqueles que são diferentes?

Será esta a chegada. Esculpir uma versão melhor de você é também semear uma versão melhor da própria vida; e assim encontrado e fortalecido, melhorar o mundo. Em ciclos infinitos, o fim de cada meditação inicia uma nova etapa da sua jornada, e o fim da jornada anuncia uma vida nova. Cada fim é um começo.

Eu melhor, mundo melhor, vida melhor: assim segue quem medita.

É tolo e inútil querer apenas parte desta equação. A última etapa, a de melhorar o mundo — idealista, inovadora —, não se sustenta se não vier de uma pessoa que, antes de reformar a Terra, reformulou seu mundo interno.

Você é a pessoa mais importante de todas — para realizar a sua parte. O mundo precisa de cada um de nós.

E tudo muda se você mudar. Novas oportunidades aparecem, portas se abrem, pessoas se afastam e outras chegam até nós em encontros de surpreendente sincronicidade. A energia precede a matéria; aquilo que vibramos consistentemente cria, molda, atrai e define a realidade.

Meditar é a mágica para tudo isso? Não. Você é a mágica.

Uma vida não examinada não vale a pena ser vivida, ensinava Sócrates. Para o monge, a vida vale se a consciência se expande, enchendo-se de amorosidade e confiança. É só uma versão melhor de você que irá salvar a si mesmo, e àqueles que precisam da sua presença.

A meditação é um dos muitos métodos. A alimentação consciente e saudável também é, como a ioga, o cuidado com o corpo e o exercício, a cultura, a leitura. Mas apenas a meditação atinge integralmente a essência — a alma, que precisa ser expressa na vida — e nos lembra de criar, na vida material, o que faça jus à luz dentro de nós.

A vida coerente é uma consequência da jornada de ser monge. As histórias que contamos para nós mesmos, as incongruências e desvios, as mentiras. Quem fala de honestidade tem que ser honesto. Quem fala de compaixão deve tê-la por todos os seres. Quem sente amor não pode aprisionar. Estas incoerências são naturais, armadilhas do ego, e gradativamente se dissolvem na coragem de nos transformarmos. A coerência traz alívio e paz; ela nos mostra a vida simples, sem conflitos no inconsciente.

O mundo nunca passou um momento como este. Os ensinamentos milenares e secretos, arcanos, antes eram restritos a monges no alto das montanhas — e hoje este livro está em suas mãos. Nunca os humanos puderam fazer tantas escolhas, nem se sentiram tão paralisados e aprisionados por elas. A tecnologia traz a comunicação instantânea. As instituições caem em declínio, todas. Um planeta em crise, uma humanidade perdida e irresponsável. O que você irá fazer sobre isto? Quem irá ser? Esta é a hora de profunda mudança, na qual a autoridade imposta não mais tem poder, e cada um de nós precisa encontrar, em si, a verdade, o significado e a luz que nos guia.

A liberdade verdadeira vem da consciência. Plena, pura, leve: livre. A alma é isto.

Essa liberdade requer grande disciplina e responsabilidade. Requer amor. Requer ser monge, um tanto, um muito, quanto você puder. E a vida?

A vida requer você.

Que a sua luz brilhe, que você seja quem realmente é.

Que você seja quem veio para ser.

OM

Satyanātha

meditação 28: sat-chit-ānanda

30 minutos

Aprendizado: *As esferas da realidade*

O que é a realidade?

Sua resposta dependerá de sua perspectiva, nascida das suas ferramentas de percepção. Para os pássaros que enxergam a luz ultravioleta, existem mais cores do que para nós, humanos; para eles as flores são ainda mais interessantes. Para os leões e outros predadores, só existe o preto e o branco. Morcegos e golfinhos veem o som, que não conseguimos fazer. Portanto, não percebermos algo não significa que aquilo não existe.

As máquinas criadas pela ciência descobrem e medem aquilo que antes era inatingível — os raios x, as ondas eletromagnéticas, a gravidade. Mas tudo isso sempre existiu, mesmo que não percebêssemos, e seus efeitos sempre atuaram sobre nós todos.

Assim é a espiritualidade. Está tudo lá, invisível como raios gama, e detectável com os instrumentos corretos. Há um cosmos inteiro esperando para ser visto, reconhecido e vivido.

O instrumento mais adequado, porém, é o ser humano treinado e refinado para viver a metafísica, e se expandir.

Início

Consciência corporal, respiração e presença no agora. Toda meditação assim se inicia. Veja a técnica na meditação 6 deste livro.

1º passo

Respire com amorosidade e cuidado, profundamente. Prepare-se para a jornada interna.

Comece a mergulhar dentro de si, como um escafandrista. Mais profundo, e mais profundo. Não se alarme, não tema o escuro ou a ausência de pensa-

mentos. Para cada pensamento que vier, aprofunde-se mais, onde ele não pode alcançar.

Vá dentro, e dentro de dentro, e dentro de dentro de dentro.

Há silêncio e uma infindável paz ali.

Permaneça por um tempo na essência além da forma, a origem da origem.

Então use a respiração do vazio dos cinco ventos.

Relaxe e respire naturalmente. Depois de alguns momentos, conte as respirações, todas profundas, mas sem forçar. Um, inspire e expire devagar; dois, inspire e expire devagar; três, inspire e expire devagar; quatro, inspire e expire devagar até o fim do ar; cinco, inspire rápida e completamente — e segure o ar, com seus pulmões cheios. Pare a respiração por esse instante. Na cabeça, a energia da consciência se expande em todas as direções. É impossível manter pensamentos neste estado. Observe a consciência expandida, veja a luz branca atrás dos olhos. Então — solte o ar; e comece novamente. Faça a respiração do vazio dos cinco ventos algumas vezes, aumentando o resultado. Isso nos liberta de pensar.

Finalmente, deixe a respiração solta e natural. Relaxe.

Comece a se concentrar em uma grande luminosidade que entra do alto, através do topo da sua cabeça. É uma grande luz branca. Aceite e receba a coluna de luz, entregue-se a ela por inteiro. Permaneça nela longamente.

2º passo

Encontre, na profunda meditação, a certeza de que aquilo é real. Isso é sat, *a verdade da essência que precede a forma. A vida mundana, vista de longe deste estado, parece um teatro, improvisado e amador, feito de cenários e roteiros sem fim, isopor e tintas. A vida interna é, e se revela, infinitamente real. Sem forma, na energia da essência.* Sat.

Sinta a consciência sem fim, expandindo-se. Isso é você, que é ela. Chama-se chit *a este estado, pronunciado* "tchit"*. Ela não tem limites nem é nenhum objeto — é o palco onde tudo existe, é descoberto, e se torna visível. Ande livremente por ela.* Chit.

Conceba em si mesmo a indescritível alegria da alma, sem motivo nem explicação, a felicidade de ser, e não de estar ou esperar nem ter, chamada de ānanda. *Ela traz uma intensidade e um prazer intensos,* do corpo *à mente à alma, da raiz à essência do ser.* Ānanda.

3º passo

Encontre em si os três estados ao mesmo tempo. Sat-chit-ānanda.

Isso é a comunhão da atenção com a sua livre e verdadeira natureza. Você é assim, quando se liberta da prisão da matéria física, emocional e mental. Sat-chit-ānanda *é a vida da alma.*

Essa experiência é chamada também de savikalpa samādhi, *nos textos ancestrais da meditação.*

Permaneça neste estado o quanto for fluido, esforçando-se para chegar até ele, mas não para nele permanecer, ao menos de início.

4º passo

Lentamente, como *a folha que cai da árvore, dançando gentilmente, você retornará deste* estado de sat-chit-ānanda.

Retorne suavemente da meditação, respirando. *A mente deve ser mantida quieta, porque ela não entende essa energia que existe além dela.*

Nada mais é igual, na mente ou na vida. Ele abre uma porta na sua consciência, pela qual você poderá passar. Não é, exatamente, a iluminação; mas é um estado iluminado, uma etapa das muitas.

A vida poderá arrastar a sua atenção para estados mais pesados da mente, e você poderá até esquecer que um dia experimentou isso. Mas o inconsciente já está mudado: uma parte dele, o superconsciente, *se torna presente; outra, o* subconsciente, *é tocado por essa energia. Será mais fácil retornar a ela depois; e será preciso, sim, retornar, milhares de vezes, a este estado, a sua verdadeira natureza.*

Você é a verdade que buscava.

eu melhor,
vida melhor,
mundo melhor.

que sua luz
brilhe — que você seja
quem veio para ser.

Epílogo:
Um dia de monge

DÉCIMA OITAVA DESCOBERTA: NENHUM LUGAR

O dia amanhece na cidade grande. Eu, monge, estou nela.

Os sons ainda são leves, a maioria distantes. Pássaros ainda podem ser ouvidos fazendo música. Em breve, seu belo cantar será abafado pelo trânsito, pelas obras, por sons sobrepostos.

Para a consciência de monge, tudo é como deve ser.

Medito. Alcanço estados de consciência prazerosos e simples, usando apenas a respiração. Os pensamentos tentam vir me incomodar. Empenho-me. Mantenho-me firme na sensação, no agora, naquele instante, sabendo que a meditação necessita de persistência. A nova onda vem: me leva a sentir que sou energia mais do que matéria; essência mais do que forma; verdade mais do que ilusão.

A meditação foi profunda: mergulhei no silêncio, senti minha presença na essência, e nela permaneci até me encontrar. Vibrei e senti o meu propósito, meus valores mais sinceros e verdadeiros. Lembrei-me da energia que amo ser e aspiro manter nesta vida.

Termino de meditar. Abro meus olhos. Não me sinto preso na matéria dura: sou a alma, vinda do alto. A mente é ferramenta e desafio — como é para o piloto o seu automóvel, como é para o escritor a sua caneta.

Com essa certeza, retorno, na mente, o ato de pensar: e as decisões se tornam fáceis, claras e evidentes, porque farei aquilo que a alma me pede, e não aquilo que o ego me grita.

A consciência elevada se expande. Observo a energia das pessoas da vizinhança como uma brisa que bate, elas adormecidas e despertando, o peso etérico da vibração da cidade, a sutileza do amanhecer. Meu dia começa. Vejo o Sol abençoando a humanidade toda, a Terra inteira. Absoluto, imenso, sem alarde. Brilha e emana seus raios ausente de expectativa de reconhecimento. Sinto-o e agradeço, sincero, sem palavras. Quero ser como ele. Como a meditação foi há pouco, ainda me lembro claramente da luz que eu sou, que todos somos. Talvez me esqueça logo, mas me relembrarei mil vezes.

Percebo o meu corpo como o lar temporário que ele realmente é. As emoções estão quietas; os pensamentos, disciplinados e serenos, esperando cada um a sua vez.

As ondas são sucessivas. Na vida ou na meditação, alcançamos um patamar e, antes de subir mais, é preciso ter coragem e insistência para permanecer nele. O inconstante ir-e-vir do mundo, igual ao da mente, é conhecido de todos os monges. Tudo na consciência e na vida são estas ondas. Navegá-las é indispensável.

A evolução de cada ser humano também é assim, em camadas e oportunidades. Cada um a seu tempo, cada coisa em seu lugar, uma dança infinita, um balé da consciência. Aqueles que querem forçar a evolução de alguém antes da hora se machucam e ferem aquela pessoa – ninguém pode forçar ninguém a aceitar a expansão da consciência. Quando a onda vem, porém, quando a oportunidade chega... Então fazemos de tudo para que ela não seja desperdiçada, para nós e ajudando outros. Enquanto isso, vivemos a perfeição-imperfeita da vida presente.

Assim é, tanto no pequeno quanto no grande. Em ciclos de anos, e em movimentos de minutos. Fazemos nossos esforços; e aguardamos as ondas sucessivas.

É manhã bem cedo. Abençoado, começo meu belo dia.

artesão da consciência

Habito em uma pequena casa, escondida entre prédios, entre montanhas de concreto indiferentes – um refúgio abençoado. Simples, como eu aspiro ser.

A decoração é mínima, utilitária, e nada parece faltar. Há uma energia que a tudo preenche. Cultivo-a com empenho e cuidado, maravilhado com ela.

Abro a porta; saio para o mundo. Agradeço a oportunidade de estar vivo mais um dia, de ajudar as pessoas, de levar luz aonde é necessária, de amar e ser amado como ofício e dever de monge. Elevo o pensamento: peço intuição e clareza, peço proteção contra o que houver de contrário à alma, em mim e nos outros.

Caminho pelas ruas discretamente. Observo. Pessoas em sua correria, alimentadas pelos seus sonhos, cada uma delas um universo. Concentro-me, para não entrar na corrente caudalosa do pensamento comum, que já começa a despertar com força e moldar a atmosfera da cidade.

Olho as árvores, e silenciosamente agradeço o trabalho que fazem. Observo as calçadas feridas pela desatenção e pelo desleixo dos moradores, suas pedras caídas e seus buracos abertos — mas, antes que em mim nasça a crítica, eu ponho a atenção em sentir-me útil, em meu trabalho de lembrar as pessoas que não existe nada fora de nós.

Uma pedra fora de lugar no mundo é uma pedra desencaixada em nós mesmos. O que é que faz as pessoas desistirem de fazer melhor, caírem em desalento, seguirem como dá? Quantos improvisos, quantos remendos, dentro da gente e naquilo que criamos. Um quarto desarrumado é sinal de bagunça do inconsciente; e assim também a calçada quebrada é sinal de descaso com a caminhada minha, sua, de todos.

Ensinarei a quem quiser sobre o poder do significado, do detalhe; para curar consciências, para colocar as pedras no lugar. Mais importante do que consertar a calçada será consertar a mente daqueles que deixaram a calçada se deteriorar.

Um dia, em uma conversa encantadora com um aluno de meditação, falamos sobre obras impermanentes. Ele é um impecável cavalheiro, de maneiras agradáveis e precisas. Carrega um ar de filósofo que se tornou empresário relutante, um amigo da conversa e não do embate. Criou uma empresa com milhares de pessoas, um exemplo de postura e valores para todas as outras. Depois de muitos anos, o que perduraria dela, indagávamos? Ambos então percebemos, ao mesmo tempo, que a sutil e invisível consciência é a mais permanente das matérias-primas. Quando a esculpimos corretamente, mais do que o concreto bruto ou a madeira nobre, é a consciência que irá alterar a vida e mudar o rumo da história. Somos artesãos da consciência, o mais duradouro e impactantes dos materiais. Uma ideia, bem plantada, dura milênios, atravessa continentes. Uma consciência expandida, mais ainda — é infinita.

o monge na cidade

Ando descontraído, feliz e atento, pela cidade. Um monge infiltrado. Agente secreto da expansão da consciência, como eu às vezes digo, brincando, que sou. Respiro profundamente, para manter a atenção plena que preserva as energias da meditação. O ar entra e enche plenamente os pulmões, e o sinto como se fosse a coisa mais importante do mundo. A cada vez que a minha mente traz ansiedade ou preocupações, assim respiro.

Ninguém existe em um vácuo isolado. As influências externas nos empurram; os movimentos internos impulsionam. Nossa vida é dinâmica. Nenhuma pessoa, salvo os grandes iluminados, mantém a consciência sempre perfeitamente equilibrada. O que realmente a faz estabilizar-se são impulsos sucessivos, as ondas, como as muitas correções que fazemos para uma bicicleta não cair.

Caminhando pela cidade que amanhece, sinto a alegria de saber ser a alma, em uma terra onde tantos nem têm ideia de quem são. O coração se abre — a alma não tem medo nem ansiedade, só o ego tem — e me sinto feliz como uma criança. A próxima onda será mais forte se eu conseguir manter em mim esse impulso que acabei de receber.

Mas logo algo vem me distrair: atravesso a rua, olho o semáforo, a faixa de pedestres. Caminho até uma pequena casa, onde pedirei café.

Por anos, no monastério, os monges ficaram sem beber esse estimulante. A história me faz dar risada quando dela me lembro. Acordávamos na madrugada, e muitos monges tentavam convencer o mestre que a bebida era necessária. Ele não permitia. Bebíamos chá, pequenas folhas verdes amassadas, que se abriam mergulhadas na água quente; o aroma e o vapor despertavam o nosso olfato delicadamente, e a xícara aquecia nossas mãos. Um dia, já acostumados, ficamos surpresos quando ele perguntou se alguém ali ainda achava que precisava de café.

— Não, nenhum de nós — respondemos. — Não precisamos.

Satisfeito, ele abriu um sorriso.

— Então podem beber! — disse rindo.

Nada pode aprisionar você; e se havia a ilusão de precisar do café, se uma coisa dispensável se fingia indispensável, era necessário desapego total até conhecer melhor a si mesmo.

Quando meditei as primeiras vezes depois de beber café, percebi em detalhes o seu efeito. Ele estimula sutilmente os centros de energia, os chakras, da ação e do medo. É claro que isso nos põe em atenção... mas estimula pensamentos. Se temos em nós outras energias boas, o medo vira apenas cautela, e a estimulação da ação é útil quando há caminhos novos para abrirmos. Porém, para quem já tem medos inquietos ou quem se cobra muitas ações, ele atrapalha. Só o entendimento faz usar a bebida corretamente, e assim é tudo na vida.

o café da consciência

Sento-me feliz na cafeteria abafada e barulhenta. Silêncio em mim, cacofonia nela; tudo bem. Em meia hora chegará uma pessoa que espero, mas ainda é cedo.

Peço um café.

Observo o que a mente me traz.

Se eu deixar-me levar pelos pensamentos que se apresentam, acenando e pedindo atenção, essa corrente irá me levar. Olharei o celular, lerei sobre informações de que não preciso, verei fotos que não interessam. A correnteza irá me levar para a sonolenta mediocridade da vida inconsciente.

Como um surfista da energia, eu escolho a próxima onda.

Ela poderá ser qualquer coisa que me eleve: mais do que apenas espiritualidade, ela poderá ser arte, criatividade, música, filosofia; o sorriso de uma criança; a alegria de estar presente.

Eu, monge, escolho aquilo que mais conheço: a perspectiva interna da alma. Usando *mindfulness*, a atenção plena, silenciosamente capto o momento. Os sofás velhos de couro desgastado; a madeira grossa das mesas manchadas, os aromas de café e o barulho do liquidificador. Em meio a algo tão mundano, sinto em mim e estimulo a luz, mais fácil ainda de achar pelo contraste com o ambiente. Imagino-a e a crio com a mente, preenchendo meu corpo.

Respiro deliberadamente, intencionalmente.

Em um movimento que conheço bem, abro o coração. Não é físico, claro; é uma metáfora bem próxima da realidade. O chakra do centro do peito, quando temos medo, se encolhe e fecha. Ele é a conexão com o invisível e a intuição. Abre-se apenas quando estamos em uma situação inspiradora e amorosa. Ou, quando se é monge na consciência — aí sim o abrimos frequentemente.

É quase como uma flor, cujas pétalas se esticam, ou o descontraído ato de se espreguiçar na rede, ou o brilhar dos raios de uma estrela: o que era botão, um ponto, se abre e se revela.

Com o coração aberto, vem a onda.

Observo os garçons, mulheres e homens trabalhando. Lembro-me de como são humanos, esforçados, com defeitos e qualidades. O dia deles deve começar longe, acordam em bairros distantes e vêm de ônibus. Percebo os erros de um deles, desatento no trabalho. Vejo a alegria de uma outra, que atende com delicadeza e atenção.

As pessoas que encontro, todas e inclusive eu, têm seus dramas — que nascem de ilusões, brotando da ignorância que é alimentada pelo ego. Quem dera ajudar a todos.

A compaixão nasce em mim; vem uma sensação de amor por todos, pela humanidade, por mim também. Sinto a tristeza de sermos assim tão cegos. Porque todas as nossas dores nascem da nossa ignorância, segundo a espiritualidade. Se soubéssemos mais sobre medicina, teríamos menos doenças. Se entendêssemos mais sobre a compaixão, não haveria agressividade nem guerras. Se conhecêssemos a lei do retorno, o karma, que faz com que tudo volte para você, não plantaríamos as sementes que criam espinhos no nosso futuro.

Nesse momento, mergulhado em compaixão e sem julgar, a onda me inunda. Eu sinto — não analiso.

Ela ecoa em mim, reverbera. O amor cresce. Silencioso, discreto. Emano uma energia diferente — e ninguém percebe, nem é para perceber. Mas em um mundo de energias misturadas, vivo em uma bolha de vibração boa.

Quando nos culpamos por nos faltar disciplina, clareza ou coragem, isso é muitas vezes um engano — porque temos, sim, aquela boa característica dentro de nós, mas abafada pela vibração do que nos cerca. Às vezes, nossas melhores qualidades são soterradas sob energias pesadas.

É por isso que fica mais fácil meditar na praia, ou relaxar na natureza, sem opressão ao redor. Somos imersos na energia, primeiro na nossa, e depois a coletiva.

Todos os seres humanos têm esta capacidade, sem exceção, de emanar mais intensamente a energia principal que vem de nós, assim como todo fogo dá calor, e assim limpar a energia ao redor. É inevitável; o monge apenas a aumenta, e a refina. Foco especialmente na luz que sinto em mim, e na presença divina em tudo.

Ela me toma, e influencia todo o ambiente. Afeta as minhas percepções: começo a enxergar energias, a sentir sentimentos sublimes. Reafirmo a tarefa que me honra nesta vida: expandir a consciência, abri-la ao amor.

A reverberação daquela luz invisível afeta a todos. As preocupações que ainda restavam em mim se dissolvem, para serem visitadas com a lucidez da razão mais tarde, sem ansiedade. Sinto-me abençoado; estou em paz com a jornada humana.

Bebo café.

Sentado, em silêncio, minha energia se expande. Ela é real. Quem está à minha volta ali nem percebe a origem da onda que os toca. O monge vive secretamente. As pessoas ao redor, se aceitarem a energia que chega, terão seus pensamentos mais leves e claros. Os músculos ficarão menos tensos; os conceitos mais elevados se tornarão mais acessíveis.

Somos todos como peixes de um mesmo aquário, a água afeta a todos. É lama em alguns ambientes, ao redor de certas pessoas; é impura e opaca em outros lugares, e límpida em outros. Transformar a energia em mim é mudar os arredores, clarear água, ajudar o aquário a ser melhor. Não há isolamento. É impossível elevar-se sem que isso cause o bem.

puro em mim

A onda passa lentamente, deixando seus efeitos. Reverbera em mim.

Suspiro! Relaxado, absolutamente humano como os monges todos são, espero meu amigo querido chegar. Apenas aprecio o momento presente.

Aquilo que mais incomoda – os pensamentos repetitivos, as preocupações, os sentimentos sem motivo que já decidimos que são maus conselheiros – se dissolve cada vez que nos elevamos, nas ondas sucessivas, em cada meditação, em cada pausa meditativa como aquela que acabo de fazer. É como um banho: como nos sujamos constantemente, também nos limpamos frequentemente. A energia elevada dissipa-se logo, e precisa ser atingida novamente – daí a meditação.

Essa é a consciência do monge. Para ser atingida, uma pessoa não precisa fazer votos, viver em um monastério distante, enfrentar o muro da chuva e usar roupas simples. Ela é direito e qualidade de qualquer ser humano. Sim, é fácil de ser atingida na solidão dos monastérios e no cume das montanhas; mas por não estar ligada a nenhum lugar – por emanar da alma – ela vem de dentro. A alma se faz presente; a mente está organizada, o coração reconhece a intuição. O corpo é cuidado com o carinho de um importante veículo. Como não existem coincidências, o invisível se torna visível em símbolos e metáforas, na maneira das pessoas agirem, nos pequenos acontecimentos cheios de significado e ensinamento. Esta é outra maneira de viver, mais desperta.

Cada pessoa tem uma percepção única da realidade, dependendo do alcance da sua consciência. Aquilo que existe para um de nós pode não existir para o outro. Através dos cinco sentidos, da razão e da persuasão, tentamos compartilhar a percepção. "Você vê este tijolo?", um pergunta. "Sim, vejo", outro responde; e assim ambos concordam que aquilo existe. Mas há conceitos mais sutis, morais, abstratos, que não são facilmente demonstrados. Tentar explicar a fé para quem tem o peito preso e o ego endurecido é impossível: a pessoa só enxergará tolice e engano. Mostrar a sutileza das palavras de uma poesia é inviável quando faltam referências e abertura.

Esta é uma chave de grande humildade: às vezes, uma pessoa não concorda porque ela vive uma realidade que não é a sua, e, dentro do paradigma dela, tem toda razão.

O meditador procura identificar as várias camadas da realidade. Uma garrafa d'água? É só uma parte do almoço. Ou, é o contato com o elemento água, da pureza cristalina que me inspira. Ou, é o que alimenta o meu corpo e me dá vitalidade, para cumprir a tarefa desta vida. Ou, é o meu contato com a natureza infinda: esta água veio das chuvas, passou pelas árvores, entrou em lençóis subterrâneos e hoje entra em mim.

Níveis da verdade. Alguns, libertadores, nos inspiram; outros, práticos, são úteis para agirmos na matéria concreta; outros, pegajosos, são aprisionamento da consciência.

É por isto que é necessária a expansão da consciência, em todos os envolvidos. Não existe nada mais poderoso para ensinar do que o exemplo. A mente combate; a alma convida.

A vida de monge é essa expansão. Todos vocês estão convidados: monge na consciência é viver no monastério interno, a vida secreta que observa mais do que fala, ama mais do que gosta, brilha mais do que exibe.

As ondas são sucessivas. Em uma meditação profunda, na caminhada, em um café: na vida toda. A percepção se aguça devagar, a intuição cresce lenta. Abre-se em nós esta consciência maior. Viver isto na cidade, longe de um monastério, é um esforço grande, com resultados também mais recompensadores. É necessário ser a si mesmo onde quer que estejamos, um foco de amor, luz e sanidade.

amigo de todos

Você pode, e faz, o mundo reverberar com cada ação sua. A maneira que abraça as pessoas, a força e a ternura do olhar, a capacidade de ouvir, a respiração profunda, a silenciosa compaixão, a firmeza do propósito, a clareza contundente e cortante que fere o ego, a delicadeza no agir, a vibração da voz. Sua vida cotidiana e sua rotina são potencialmente uma expressão da sua verdade interna, um ritual só seu, que afeta tudo.

Meditar é uma atividade breve. A consciência de monge é permanente.

Parte da vida monástica é aceitar o poder que temos, todos nós. Cada ser humano irá vibrar e emanar energias, querendo ou não. Você influencia o mundo. Qual é a música que irá soar?

Eu não sou importante... mas a energia que irá vibrar, vinda de mim, é. Ela vai ajudar a humanidade, cada pessoa que encontro, e o planeta que precisa de cura.

O amigo que eu esperava chega à cafeteria. Abro um sorriso. E, colocando a atenção plenamente naquele momento, esqueço tudo mais. Abraço-o com afeto e alegria! E ouço, com amor sutil, o que ele tem a me dizer: para eu aprender, e ensinar.

Este livro foi criado com ensinamentos antiquíssimos, vivências de agora, e vinte mil horas do autor meditando ao longo da vida. Foram colocados nestas páginas seu amor por todos os seres vivos, como ele aprendeu, e a sua permanente busca pela essência e pela verdade.

TIPOGRAFIA Ines por Dino dos Santos
DIAGRAMAÇÃO Osmane Garcia Filho
PAPEL Pólen Soft, Suzano S.A.
IMPRESSÃO Gráfica Bartira, junho de 2020

FSC
www.fsc.org
MISTO
Papel produzido a partir de fontes responsáveis
FSC® C105484

A marca FSC® é a garantia de que a madeira utilizada na fabricação do papel deste livro provém de florestas que foram gerenciadas de maneira ambientalmente correta, socialmente justa e economicamente viável, além de outras fontes de origem controlada.